Lisa Marie **König**

Fifty and Fabulous

eine Frau ab 50 ist mehr als eine Zahl

novum  pro

Dieses Buch ist auch als e-book erhältlich.

Bibliografische Information
der Deutschen Nationalbibliothek:

Die Deutsche Nationalbibliothek
verzeichnet diese Publikation in
der Deutschen Nationalbibliografie.
Detaillierte bibliografische Daten
sind im Internet über
http://www.d-nb.de abrufbar.

Gedruckt in der Europäischen Union
auf umweltfreundlichem, chlor- und
säurefrei gebleichtem Papier.

© 2024 novum Verlag

ISBN 978-3-99146-994-0
Lektorat: Laura Oberdorfer
Umschlagfoto:
Mariia Boiko | Dreamstime.com
Umschlaggestaltung, Layout & Satz:
novum Verlag
Innenabbildungen: www.pixabay.com

www.novumverlag.com

Druckprodukt mit finanziellem
Klimabeitrag
ClimatePartner.com/16547-2311-1001

Inhaltsverzeichnis

Vorwort/Abstract

Wenn Du immer wieder das tust,
was Du immer schon getan hast,
dann wirst Du immer wieder das bekommen,
was Du immer schon bekommen hast.
Wenn Du etwas anderes haben willst,
musst Du etwas anderes tun!
Und wenn das, was Du tust, Dich nicht weiterbringt,
dann tue etwas völlig anderes,
statt mehr vom gleichen Falschen!

Paul Watzlawick

(Quelle: Online: https://www.myzitate.de/paul-watzlawick/
Abruf am: 01.05.2024.)

In der Vergangenheit habe ich mit Blogbeiträgen versucht, meine Erlebnisse zu verarbeiten. Na ja, ... mal mehr, mal weniger erfolgreich. In letzter Zeit habe ich keine Beiträge mehr geschrieben, da ich der Meinung war, dass ich das nicht mehr bräuchte und auch, dass meine Geschichten für Außenstehende nicht interessant genug wären. Um aber weiter meine Vergangenheit erfolgreich zu verarbeiten und auch noch sonstiges Chaos aus meinem Leben in den Griff zu bekommen, habe ich mir zwischenzeitlich professionelle Unterstützung gesucht. Eine meiner guten Entscheidungen in meinem Leben!

Nach einigen Gesprächen fand meine Psychologin im Gegensatz zu mir, dass ich durchaus viel zu erzählen hätte und vielleicht sogar dem einen oder anderen mit meinen Erfahrungen helfen könnte. Insbesondere Frauen, die sich in einer ähnlichen Situation befinden oder befanden. Somit hat sie mir geraten, darüber nachzudenken, meine Erfahrungen aufzuschreiben. Witzig, da ich tatsächlich angefangen hatte, meine eigene kleine Biografie aus den bisherigen Blogbeiträgen zu schreiben. Einfach so, und es war eigentlich nur für mich gedacht, als Hilfsmittel neben der psychologischen Unterstützung. Tatsächlich bin ich immer noch etwas skeptisch und auch der Meinung, dass mein Leben nicht wirklich spannend ist und dass meine Erfahrungen für andere nicht wirklich hilfreich sind.

Aber: Was habe ich schon zu verlieren, wenn ich meine Erfahrungen mit anderen teile? Im Grunde kann ich nur gewinnen und vielleicht **einem** wunderbaren Menschen helfen.

Je länger ich darüber nachdenke, umso besser gefällt mir der Gedanke meiner Psychologin, vielleicht anderen mit meinen Erfahrungen zu helfen. Ich traue mich aus heutiger Perspektive zu sagen, dass ich mich in den letzten fünf Jahren, dank vieler Menschen und ihren Erfahrungen, deutlich weiterentwickelt habe. Diese vielen Menschen haben mich begleitet mit Lachen und Weinen, spannenden neuen wie auch schmerzlichen Erfahrungen.

Wer mich kennt, weiß, dass es mit mir nicht immer einfach ist. Somit: Von Herzen, meinen tiefen und aufrichtigen Dank an alle, die mich bis heute begleitet haben! Ihr seid die Schätze meines Lebens!

Einleitung

Als ich das erste Mal begonnen habe, über mich und mein Leben nachzudenken, war ich 48 Jahre alt. Es hat also ein wenig gedauert. Kurz zwei wichtige Dinge:

Erstens: Das Wichtigste in meinem Leben ist und bleibt mein Sohn. Auch wenn er jetzt schon erwachsen ist, auf eigenen Beinen steht und eine wunderbare Partnerin hat.

Zweitens: Mein größter Wunsch ist es nach wie vor, einen Ort und die passenden Menschen zu finden, von denen ich sagen kann: „Hier ist mein Zuhause! Hier kann ich sein, wie ich bin!"

Beruflich habe ich mich bis zu dem Zeitpunkt, als ich über mich nachdachte, an dem orientiert, was mir so vor die Füße gefallen ist und mein Interesse geweckt hat. Ich habe meist nicht danach gesucht und mir nie über meine Karriere Gedanken gemacht. Der Grund dafür lag in meiner Kindheit. Hier wurde mir (schon fast gebetsmühlenhaft) gesagt, dass ich für alles zu dumm bin. Irgendwann habe ich das für mich akzeptiert und eine Karriere war somit für mich kein Thema. Meine Mutter übernahm hier meist federführend die Richtungsgebung. Das führte auch dazu, dass ich einen thematisch sehr wilden Lebenslauf habe ... Ich wollte mich bis vor kurzem beruflich nicht festlegen und immer offen für was Neues sein. Also machte ich mehrere Schul- sowie Berufsabschlüsse und erlernte verschiedene Berufe. Zusammen hat alles dazu beigetragen, dass ich heute meine Passion gefunden habe. Um nichts in der Welt möchte ich was anderes machen.

Doch privat war es leider genau andersherum. Hier habe ich mich vorwiegend an dem orientiert, was mein Umfeld mir vorgelebt und zudem auch von mir gefordert hat. Zumindest die meiste Zeit. Ab und zu gab es durchaus Versuche, aus dem „Hamsterrad" auszubrechen. Gelungen ist es mir leider erst sehr spät.

Doch möchte ich mich kurz einmal vorstellen.

Ich bin eine Frau, knapp über 50 Jahre alt, Mutter eines erwachsenen Sohnes, beruflich selbstständig tätig und habe mich nach 28 Jahren Ehe und 34 Jahren Beziehung von meinem Mann getrennt. Warum ich gerade das erwähne? Nun, weil genau das mein Leben und besonders mich maßgeblich verändert hat. Aber nicht nur das. Aus Verzweiflung und da ich als Selbstständige keine bezahlbare Mietwohnung in der Nähe meiner Familie bekam, kaufte ich ein altes, also sehr altes Fachwerkhaus im Alter von 240 Jahren, das knapp 400 km von meiner Familie entfernt liegt. Mutig ... oder dämlich?

Doch kurz zurück: Es stellt sich natürlich die Frage, warum ich das jetzt schriftlich festhalte? Auf der einen Seite wie schon erwähnt für mich, um hier wichtiges Erlebtes in einem beständigen Medium festzuhalten und vergangenes, sehr Schmerzhaftes zu verarbeiten. Und auf der anderen Seite ... nun ... ich denke, weil ich mich als Mensch und auch als selbstständige Frau nach vielen Gesprächen und auch Veränderungen jetzt erst selbst gefunden und erkannt habe, dass ich stark und mutig bin, sowie mich traute, etwas zu beenden, was mich in den letzten Jahren und auch Jahrzehnten gelähmt hat. Und weil das andere ihr Leben lang leider nie wagen würden, obwohl sie sich wie ich so sehr danach sehnen.

Stellen Sie sich auch oft die Fragen: War es das schon? War das mein gesamtes Leben? Soll es so bis zum Tod weitergehen? Will ich das? Tut mir das gut? Was wünsche ich mir? Und so weiter und so weiter. Sie stellen sich auch diese Fragen? Immer und immer wieder? Beantworten Sie die Fragen mit „Ja"? Dann kann ich Ihnen vielleicht doch das eine oder andere mitgeben auf Ihrem vielleicht ersten Schritt in IHR LEBEN! Und ja, es würde mich super freuen, wenn ich auch andere Menschen durch meine Erfahrungen zumindest zum Nachdenken anregen kann.

Mir ist bewusst, dass natürlich nicht alle Menschen von meinen Erfahrungen und Entscheidungen begeistert sein werden oder Menschen, die mich kennen, die eine oder andere Situation aus ihrer Perspektive anders empfunden haben. Das kenne ich, denn auch damals, als ich den Entschluss gefasst habe, mein Leben zu ändern, gab es diese Menschen. Ein Teil meines direkten Umfelds war geschockt und nicht wirklich begeistert. Wahrlich nicht! Einige behaupteten sogar, dass ich bescheuert bin, weil ich aus einer stabilen Partnerschaft ausgestiegen bin und neuangefangen habe. Und das in meinem Alter! Na ja, hierzu sei gleich vorweggenommen: Es gibt oft große Unterschiede, wie etwas nach außen erscheint und wie es sich im Inneren für die jeweilige Person wirklich anfühlt. Vielen sind die Begriffe Selbst- und Fremdbild bekannt.

Exkurs zu meinem damaligen gesundheitlichen Hintergrund: *Ich habe ADHS. Das gleich mal vorweg. Die Diagnose habe ich im Alter von 29 Jahren während der Diagnosephase meines Sohnes (er hat ADS) erhalten. Vor meiner Trennung habe ich viel geraucht, war übergewichtig, litt seit Jahren unter Panikattacken, Hashimoto sowie in den letzten Jahren auch unter Morbus-Menière (akute Schwindelanfälle), hohem Blutdruck, Herzrhythmusstörungen usw. Ich merkte immer mehr, dass ich mein Leben ändern musste. So konnte es nicht* *weitergehen! Das meinte auch mein damaliger Hausarzt. Im ersten Moment dachte ich, dass es an meinem alten Job und der damaligen Mehrfachbelastung (zwei Jobs, Studium/Promotion, Eltern, Haus, Garten etc.) läge. Doch das war es nicht allein. Ich musste feststellen, dass mein Ex-Mann und ich uns sehr stark auseinandergelebt hatten und von seiner Seite für mich keinerlei Unterstützung kam. Als ich Jahre davor meinen Ex-Mann anflehte, dass ich Unterstützung bräuchte, bekam ich als Antwort: „Andere Frauen schaffen das auch. Stell dich nicht so an!" Das führte unter anderem dazu, dass wir uns am Ende immer mehr stritten und er jede Gelegenheit nutzte, um mich zu beleidigen, zu entmutigen oder auch jegliche Zukunftsaussichten zunichtezumachen. Einige, die uns kannten, können das kaum glauben, denn sobald auch andere Menschen dabei waren, hat er kaum gesprochen.*

Und noch mal kurz zurück zu den Aussagen einiger Personen zu meinem Alter: Mein Leben ändern in diesem Alter? Also hey ... so fürchterlich alt war ich ja jetzt auch nicht, um nicht noch einmal von vorne anzufangen. Gewagt: Ja! Aber immerhin nicht aussichtslos!

Ich möchte meine Entscheidung zur Trennung von damals nicht beschönigen und ich habe es mir wahrlich nicht leicht gemacht. Und ja, ich stellte mich meiner bisher größten Herausforderung: Lernen, das erste Mal in meinem Leben allein zu sein. Und nochmals ja, das ist schon sehr gewagt und bringt neben allen positiven Emotionen auch ein wenig (na ja ein wenig viel) Angst mit sich. Mein Leben lang war ich nie allein. Ich habe meinen Ex-Mann im Alter von 15 Jahren im Sommerurlaub kennengelernt. Somit bin ich direkt von meinen Eltern im Alter von 18 Jahren zu ihm gezogen und bis zu dieser letzten Entscheidung nie allein gewesen. Aber ok. Dass meine Entscheidung nicht nur Schönes beinhalten würde, war mir klar. Ich war der Meinung, dass ich es schaffen würde und es die richtige Entscheidung wäre. Dass es jedoch dann so hart werden und sich auch die Rahmenbedingungen durch eine Pandemie ändern würden, wusste ich damals nicht.

Vielleicht haben auch alle negativ denkenden Menschen aus meinem damaligen Umfeld recht und ich bin verrückt. Kann sein! Aber aufgehalten hat es mich nicht. Nein! Bei dieser Entscheidung nicht!

Ich habe es getan: Trotz aller unterschiedlicher, chaotisch kreisender Gedanken bin ich den Schritt gegangen und habe mich vor 3,5 Jahren getrennt. Ob es sich als richtig erweist, wird die Zukunft zeigen. Aus heutiger Sicht war es DER richtige Schritt!

In den nächsten Kapiteln möchte ich noch ein wenig mehr über mich, mein Leben und wie ich an den Punkt gekommen bin, mein Leben neu und vor allem selbst zu gestalten, erzählen. Je länger ich darüber nachdenke und schreibe, desto überzeugter bin ich, dass ich nicht der einzige Mensch bin, der sich mit diesen Gedanken und Fragen rumschlägt. Was hätte ich damals in der schwierigen Entscheidungsphase dafür gegeben, von jemandem Tipps zu bekommen, der das in meinem Alter mit all den Hindernissen schon gemacht oder vorgelebt hat. Doch in meinem Umfeld gab es da leider niemanden. Und glauben Sie mir: Die ganzen Selbsthilfebücher zum Singleleben (und ich habe viele gelesen) können in die Tonne! Verbrennen geht auch.

Schauen wir mal hinter die Kulissen

Mein engeres Umfeld

Um ein wenig Licht in das Dunkle zu bringen, wer ich eigentlich bin und wo ich herkomme, muss ich sehr weit ausholen. Aber Sie haben ja Zeit, denke ich.

Meine Eltern haben sich scheiden lassen, da war ich fünf Jahre alt. Meinen Vater kenne ich kaum, jedoch kenne ich ihn mehr als meine beiden Schwestern. So hatte ich das Glück (oder auch Pech), ihn ein paar Mal treffen zu dürfen. Bei jedem Treffen ging mir seine sehr tiefe Stimme durch Mark und Bein. Warum das so ist, weiß ich nicht und ich kann nur darüber spekulieren. Vielleicht liegt es an dem, was mir meine älteste Schwester mal erzählt hat. So sagte sie mir, dass mich mein Vater geschlagen haben soll, da ich nicht so „gelungen" war, wie er es sich gewünscht hätte. Ich habe nicht so mit Messer und Gabel gegessen, wie er es gerne gehabt hätte (Na ja, wozu hat man als Kind denn Hände und Finger?). Aber wie geschrieben, dazu kann ich keine weiteren Aussagen machen. Wobei … eins kann ich vielleicht doch ergänzen. Ich habe nicht viele Erinnerungen an meine Kindheit, aber ich sehe immer wieder ein Bild vor meinem inneren Auge. In diesem stehe ich hinter meiner Mutter und sehe zwischen ihren Beinen hindurch. Vor meiner Mutter steht mein Vater mit bösem Gesicht und der erhobenen Hand. Woher dieses Bild kommt, kann ich nicht sagen. Vielleicht entstand es durch die Erzählungen meiner Schwester. Aber ich sehe es öfter, sobald ich an meine Kindheit denke. Doch zurück zur eigentlichen Beschreibung meines engeren Umfeldes, um nicht den roten Faden zu verlieren. ☺

Ich habe mehrere Schwestern. Meine älteste Schwester steht mir sehr nahe und wir haben auch seit der Trennung von meinem Ex-Mann wieder mehr Kontakt. Irgendwie sind wir uns in vielen Bereichen auch ein wenig ähnlich, zumindest spüre ich das bei ihr mehr als bei meiner anderen leiblichen Schwester. Zu meiner erwähnten anderen Schwester habe ich nicht sehr viel Kontakt, eigentlich gar keinen. Das war aber schon in unserer Kindheit so. Wir konnten uns nicht ausstehen. Seltsam und schade, aber es ist halt so. Wir haben uns dazu in der Kindheit auch gegenseitig das Leben schwer gemacht und das jede auf ihre Weise. Ich denke, wir sind damit so weit quitt. Trotz allem hat sie mich in vielen Bereichen, mehr als mir lieb ist, geprägt.

Kleiner Exkurs zu meinen Kindheitserinnerungen: *Wie schon geschrieben, habe ich nicht viele Erinnerungen an meine Kindheit. Viel weiß ich nur aus Erzählungen von meiner Mutter. Zwei Bilder habe ich in meinem Kopf: Einmal das mit meinem Vater (das habe ich* ja schon beschrieben) und dann ein Bild, bei dem ich in einem viel zu großen Krankenhausbett liege und zu einer Tür sehe, die ein rundes Fenster hat. Vor diesem Fenster steht meine weinende Mutter. Zu beiden Bildern habe ich auch meine Mutter befragt. Zum ersten mit meinem Vater äußerte sie sich nicht konkret. Zum zweiten Bild meinte sie, das wäre tatsächlich im Krankenhaus gewesen, als ich Spülmittel getrunken habe. Das kam so zustande, dass meine Mutter für meine zwei Schwestern eine Seifenblasenlauge aus Spülmittel hergestellt hat. Im Zuge dessen hat sie einen Strohhalm in der Spülmittelflasche gelassen und war einen Augenblick unachtsam. In diesem Moment muss ich mir die Flasche geschnappt und ordentlich was getrunken haben. Als sie sich umdrehte, kamen aus meiner Nase und meinem Mund lauter Seifenblasen. Danach schnappte sie mich und fuhr sofort ins Krankenhaus. Die Ärzte dort meinten, dass ich zu klein zum Magenauspumpen sei und wir abwarten müssten. Es würde nicht gut um mich stehen und ich müsste deshalb zur Beobachtung im Krankenhaus bleiben. So scheint dieses Bild in meinem Kopf entstanden zu sein. Sonst kann ich mich an ein, zwei Bilder vom Kindergarten erinnern. Hier weiß ich noch, dass ich mich nicht wohlgefühlt habe und ich immer zu Geschirr abspülte. Auch hier erzählte mir meine Mutter, dass der Kindergarten nicht so ganz mein Ding war und auch die Kindergärtnerinnen fanden mich irgendwie nervig. Der Hauptgrund der Kindergärtnerinnen dafür war: Ich wollte/konnte keinen Mittagsschlaf halten! Deshalb haben sie mich mit Abspülen beschäftigt. Kann man machen, muss man nicht. An die Grundschule kann ich mich auch kaum erinnern. Erste Erinnerungen an die Schule kamen mit dem Wechsel von der Grund- in die Hauptschule, so im Alter von neun bis zehn Jahren. Davor ist so gut wie nichts vorhanden. Doch auch die Schulzeit ist kaum in meinem Gedächtnis. Schlimmer ist jedoch, dass ich kaum Erinnerungen an unser Familienleben habe. Ich weiß nicht, wie unser Weihnachtsfest ausgesehen hat, die vielen Geburtstage oder vieles andere. Das finde ich schade.

Dafür erzählte meine Mutter immer wieder die Geschichte mit der Maus, die ich im Winter glitzernd gefroren und tot gefunden habe. Ich fand sie so schön, dass ich sie mit nach Hause nahm. Meine Mutter fand das nicht so gut und bat mich, die Maus zu entsorgen. Ich brachte das nicht übers Herz und wollte, dass sie wieder glitzert. Also habe ich sie in unser kleines Gefrierfach gelegt. Auch das fand meine Mutter nicht so gut und bat mich erneut, das Tier nach draußen zu bringen. Aber auch das habe ich nicht übers Herz gebracht, worauf die Maus nach dem Waschen in der Wäschetrommel wieder auftauchte. Meine Mutter entsorgte daraufhin die Maus selbst. Mir fällt noch eine weitere Geschichte aus den Erzählungen meiner Mutter ein. Die Geschichte mit meiner (letzten) weißen Hose. Ach nein, mir fallen noch mehr Geschichten ein, wie z. B. als ich schon morgens immer am See unterwegs war. Zum Leid aller um mich herum bin ich leider eine Frühaufsteherin. Oder als in kurzen Lederhosen und barfuß im Winter draußen spielte oder die wasserfesten Schuhe im Bach nebenan beim Forellenfangen testete oder nach einem Unfall einer Aussage meiner Schwestern nach nicht ganz tot bei den Nachbarn im Flur lag und, und, und. Witzig, was einem so beim Schreiben einfällt.

Unsere Mutter hat wieder geheiratet, als ich 13 Jahre alt war, und so haben wir zwei Stiefschwestern und eine Halbschwester dazu bekommen. Ich hatte mich für meine Mutter sehr gefreut. Eigentlich eine nette Patchwork-Familie, bis auf ... Nun ja, wir sind halt alles Mädels mit einem (sehr) festen Charakter. Es dürfte damit leicht nachvollziehbar sein, dass sich damals alles etwas schwierig gestaltete, auch wenn wir nicht zusammenwohnten.

Bei dieser Anzahl (sechs Mädels) ist es schwer einzuschätzen, wo ich am Ende alterstechnisch einzuordnen bin. Einfach formuliert, bin ich fast die Jüngste von allen, bis auf unsere Nachzüglerin. Ich bin auf Platz fünf, wenn die Nummer eins die älteste und die Nummer sechs die jüngste Schwester sind.

Wir sind einige Male umgezogen. Bis zu meinem Auszug zu meinem Ex-Mann im Alter von 18 Jahren hatte ich schon fünf Umzüge hinter mir und insgesamt waren es bisher zwölf. Also im Schnitt ca. alle 4,3 Jahre. Das war mehr als bei den meisten

meiner Freundinnen. Ich hatte kein besonderes Haus oder Orts-
teil, auf die ich zurückblicken und sagen könnte: Da bin ich auf-
gewachsen. Irgendwie hatte ich dadurch kaum Freundschaften,
die bis heute hielten. Mit jedem Umzug war es schwerer, Freundinnen mit dem Fahrrad zu erreichen. Den einen oder anderen
Kontakt habe ich noch, aber leider nur sehr oberflächlich. Am
Ende sind wir zumindest in der gleichen Stadt, zu dieser ich
mich nicht wirklich verbunden fühle, geblieben.

Eines ist hier noch sehr wichtig: Meine Mutter und ich hatten
eine besondere Beziehung. Als ich klein war, musste ich ihr ver-
sprechen, dass ich sie nie, wie meine Schwestern verlassen dürfte. Meine Schwestern gingen ihrem Alter entsprechend in die
Disco oder zu Freunden. Aber ich war und sollte immer bei ihr
sein. Das habe ich auch fast bis zu ihrem Tod (Da war ich leider
schon physisch weit weg, aber telefonisch und per WhatsApp-Vi-
deotelefonie waren wir mindestens zweimal täglich in Kontakt.)
durchgehalten. Unterbrochen wurde das durch die Zeit, die ich
bei meinem Ex-Mann in seiner Heimatstadt wohnte. Also bis auf
knapp sechs Jahre stand ich meiner Mutter von klein auf immer
zur Seite. Sie war meine beste Freundin und Vertraute. Somit war
für alle aus der Familie klar, dass das auch bis zum Tod unserer
Eltern so bleiben und ich die beiden auch pflegen würde –, zumindest dachten sie das. In den letzten 25 Jahren habe ich mich
intensiv um die beiden gekümmert. Nicht immer nur aus reiner
Selbstlosigkeit. Auch aus dem Grund, dass es keine von den anderen Töchtern machte. Das allerdings hatte verschiedene Gründe: Meine zwei Stiefschwestern hatten kein gutes Verhältnis zu
unserer Mutter, meine eine Schwester verstand sich mit ihr überhaupt nicht, meine älteste Schwester und meine Mutter hatten
früher ein sehr angespanntes Verhältnis und die Jüngste hat
sich aus dem näheren Umfeld unserer Mutter einfach aus dem
Staub gemacht und ihr Glück in einer anderen Stadt gefunden.

Sicherlich waren die ersten Jahre der „Betreuung" meiner Eltern nicht anstrengend, sondern eher bereichernd. Keine Fra-

ge! Auch ich habe hier noch von der einen oder anderen Unterstützung (nein, liebe Schwester, nicht finanziell!) profitiert. Das hat sich jedoch aufgrund des schwierigen Gesundheitszustandes meiner Mutter rapide geändert. Die letzten drei Jahre vor meiner Trennung waren psychisch sowie auch physisch sehr anstrengend und haben mich an meine Belastungsgrenze gebracht. Denn bei jeder Kleinigkeit oder auch medizinischem Vorfall haben sie mich kontaktiert. Egal, wo ich war und was ich machte. Meine Mutter und mein Stiefvater waren beide nicht mehr die Jüngsten, dafür aber sehr, sehr stur und extrem beratungsresistent.

Nun zu mir

Doch auch ich bin nicht einfach. Wahrlich nicht! Ich war immer schon gerne viel draußen und dazu noch viel in Bewegung. Ich war kaum zu stoppen und hatte auch vor nichts und niemandem Angst. Heute nennt man das ADHS, früher hieß es immer nur: „Mei, sie ist halt so ein Zappelphilipp!" Na ja ... Ich empfand die wenige Begeisterung zu meiner Person innerhalb meiner Familie daherkommend, dass ich oft in kleine, aber häufige Unfälle verwickelt war, wie z. B. bei einer Familienfeier im Garten meiner Großeltern. Bei dieser Feier hatte ich nicht bemerkt, dass jemand die Terrassentüre geschlossen hatte und ich durch diese damals zwei Scheiben einfach durchrennte. Glücklicherweise ist mir nichts passiert. Doch meine Oma war über den Schaden nicht begeistert. In Grunde war ich einfach nervig und kann es meiner Familie auch nicht verdenken, dass sie mich nicht so mochten.

Exkurs zu meinen Großeltern mütterlicherseits: *Ich kann gar nicht so viel zu beiden sagen. Meine Oma war eine eher strenge Dame, die wahnsinnig gut backen konnte. Was würde ich für ihr Rezept für ihren Käsekuchen geben. Aber: Sie mochte mich nicht. Das sagte sie mir dann später auch und ergänzte, ich sei ihr zu primitiv* und man könne mit mir nicht reden. Gut, war nicht schön, das zu hören, aber ich habe das so hingenommen. Mein Opa war der einzige Mensch, vor dem ich großen Respekt hatte, wenn nicht sogar Angst. Ich kann mich noch gut daran erinnern, wie er mich anrief, als ich das erste Mal meinen Ex-Mann und seine Familie besucht hatte. Er sagte am Telefon zu mir: „Mach unserer Familie keine Schande und iss, was auf den Tisch kommt!" Na ja, dazu muss ich sagen, dass ich, was das Essen angeht, eher sehr speziell bin. Doch zwingt man mich dazu, etwas zu essen, was ich nicht mag, endet das meist damit, dass ich mich dann immer übergebe. Leider passierte das auch des Öfteren bei meinen Großeltern und auch dann, wenn ich bei ihnen im Bett schlief. Das passierte mir dann auch bei meinem ersten Besuch bei meinem Ex-Mann. Hier denke ich jedoch, dass es an den Schaumküssen mit Eierlikör sowie den vier Weißbieren lag.

Rückblickend auf die lustigen Geschichten meiner Mutter über mich, als ich klein war, fand ich meine Kindheit nicht so schlecht. Wenn ich mir die Geschichten so durch den Kopf gehen lasse, finde ich mich als Kind total super: Mutig, neugierig, naturverbunden, abenteuerlich: Einfach nicht zu bremsen! All das hatte ich schon fast vergessen.

Doch sind Kinder mit ADHS sind im Umgang nicht einfach. Somit hatten es meine Schwestern auch nicht leicht mit mir. Aber: Ich hätte gerne auf die Erfahrung mit meiner einen Schwester verzichten können, die mich für alles zu dämlich, doof, unfähig fand und findet. Dieses Bild hält sie bis heute aufrecht. Warum sie mich so abgrundtief verachtet, wenn nicht sogar hasst, kann ich nicht sagen. Ich glaube, dass meine bloße Anwesenheit auf dieser Erde diese Gefühle bei ihr ausgelöst hat. Vielleicht wollte sie mich deshalb als Kind auf dem Flohmarkt für 50 Pfennig verkaufen? Ich weiß es nicht. Ich weiß, dass sie die ersten netten Worte, die sie je an mich gerichtet hat, auf der Beerdigung unserer Mutter sagte.

Exkurs der Vorwürfe: Das sind nur ein paar Beispiele, die mir zugetragen wurden. Bis heute wird mir von ihr vorgehalten, ich wäre *z. B. zu faul gewesen, da ich ja nicht Geschirr spülen musste. Hier zum Hintergrund: Als meine älteste Schwester auszog, hat sie die Aufgaben im Haushalt an meine andere Schwester weitergegeben. Hierzu gehörte auch das Abspülen. Als ich dann an der Reihe war, hatte sich unsere Mutter eine Spülmaschine gekauft. Weiter, glaube ich, gehört auch dazu, dass ich Schlagzeugunterricht bekommen habe, den ich nicht brauchte (oder zu dem ich nicht hingegangen bin), oder ich habe für meinen Schulabschlussball ein teures Kleid bekommen und sie nicht. Und, und, und. Zumindest wurden mir das von unserer Mutter als Erklärung für ihr Verhalten mir gegenüber erzählt.*

Doch muss ich aus heutiger Sicht sagen, dass gerade dieses Verhalten dieser besagten Schwester mich dazu gebracht hat, beruflich das zu erreichen, was ich bis heute geschafft habe. Denn ich habe genau das für meine berufliche und persönliche Entwicklung genutzt ... und zwar als intrinsische Motivation!

Kurz zurück zum Thema ADHS: Diese „Einschränkung" (Ich möchte es nicht mehr Krankheit nennen.) hat viele Facetten und bei jedem Betroffenen eine andere „Ausprägung". Bei mir sind besonders Hyperaktivität und eine geringe Impulskontrolle ausgeprägt. Zudem bin ich, was bestimmte Themen angeht, schon ein wenig zwanghaft und reagiere etwas ungehalten, wenn ich etwas nicht gleich finde oder mein Rhythmus von bestimmten Handlungen von außen gestört wird. Zudem habe ich Schwierigkeiten, Kommunikation emotional richtig einzuordnen. Ganz schwierig ist es bei Textnachrichten, wie z. B. über WhatsApp. Na ja.

Exkurs ADHS bei Erwachsenen: *Als ich die Diagnose zu ADHS bekam, gab es noch nicht viele Therapiemöglichkeiten für Erwachsene. Zu dem genannten Zeitpunkt wollte ich keine Medikamente nehmen, die einen direkten Einfluss auf mich als Person und somit meine Persönlichkeit hätten. Das lag zum Teil auch daran, dass ich auf der einen Seite Bekannte sah, die diese Medikamente ihren Kindern gaben und diese sich stark veränderten und auf der anderen Seite* hatte ich mir das eine oder andere Hilfsmittel z. B. in Form von festen Strukturen angeeignet. An dieser Stelle werde ich oft gefragt, wann, wie und was ich mir da angeeignet habe, was ich auch gerne hier kurz erzählen möchte.

Der Ursprung für meine erste bewusste Veränderung im Bereich der Struktur und Ordnung war schon in meiner Jugend. Die Schule war für mich ein sehr schwieriger Ort. Schon in der Grundschule war es für mich kaum zu ertragen, still zu sitzen und nur nach vorne zu sehen. Vom Konzentrieren auf ein Thema möchte ich gar nicht erst sprechen. Wie schon erwähnt, war das dann auch allgemein mein Problem in der Schule und hatte zur Folge, dass ich nicht aufs Gymnasium übertreten konnte. Dadurch litt auch mein Selbstwert sehr stark, der durch die ewigen Demütigungen meiner Schwester nicht besser wurde. Ich fühlte mich allein und nichts wert. Auch wenn es immer Lehrer gab, die in mir ein besonderes Potenzial sahen und mich förderten (Hier an dieser Stelle meinen tiefsten, herzlichen und aufrichtigen Dank an diese besonderen Lehrer!), so war mein Selbstwert schlechter als der von meinen Schulkameraden. Irgendwann habe ich im Alter von ca. zwölf Jahren einen Buchkalender (Einen Kalender in Buchform gab es damals oft als Werbegeschenke.) erhalten. Im ersten Moment wusste ich nicht, was ich damit anfangen sollte. Doch es kam mir die Idee, alles, was mir in der Schule als wichtig erschien, da reinzuschreiben. Doch dabei blieb es nicht. Weiter habe ich dann nicht nur die Hausaufgaben, sondern auch alles, was mit der Schule und der Organisation zu tun hatte in dieses Buch geschrieben. Das war anstrengend, aber sehr hilfreich. So hatte ich ein Buch, auf das ich immer wieder zurückgreifen konnte, falls ich wieder mal etwas nicht im Kopf hatte. Vergleichbar ist das heute mit meinem Outlook-Kalender. In diesem befinden sich nicht nur Meeting-Termine, sondern alles, was wichtig ist (z. B., dass ich Medikamente beim Arzt bestellen muss, dass ich daran denke, da und dort anzurufen usw.). Zurück zu dem Buchkalender. Das war der Anfang. Das hatte positiv zur Folge, dass ich in der Schule besser wurde und mich dahingehend besser organisieren konnte. Somit hatte ich dann damals weniger oft die Hausaufgaben oder mein Sportzeug vergessen, wusste,

wann ich anfangen musste zu lernen, damit ich die Klausuren beste-
he, ... Das habe ich während meiner ganzen Schulzeit durchgezogen.
Doch auch dabei habe ich es dann nicht belassen und diese Art der
Organisation dann auch auf mein Privatleben übertragen und neben
einem Putzplan auch einen Essensplan, Einkaufsplan etc. entwickelt.
Am Anfang hatte ich diese Pläne präsent irgendwo aufgehängt, spä-
ter und auch heute noch habe ich diese in meinem Kopf. Diese Pläne
helfen mir bis heute, strukturiert durch den Tag zu kommen (Ohne
dass ich wichtige Termine vergesse, nichts zu essen habe oder Pflan-
zen verdursten.).

Ja, mir ist bewusst, dass sich mein Leben nicht wirklich „spon-
tan" oder „individuell" anfühlt. Klar! Aber es hilft mir unheimlich
gut, den Tag zu überstehen. Zudem kann ich das im Urlaub sehr gut
ändern, sofern ich im Vorfeld alles schon organisiert habe. Und es ist
in meinem Fall auch klar: Ohne diese Pläne, die ich immer individuell
an meine Lebenssituation angepasst habe, hätte ich es nie geschafft,
neben meinen vielen Jobs und allem anderen noch zu studieren. Das
war eine meiner besonderen Leistungen meines Lebens: Trotz ADHS
ein strukturiertes, geordnetes Leben zu führen.

Zudem möchte ich hier im Besonderen erwähnen, dass sich ADHS
NICHT im Erwachsenenalter „auswächst". Leider nicht. Persönlich
merke ich, dass sich die Facetten tatsächlich etwas verändern. Die
Hyperaktivität habe ich durch viel Sport und Bewegung im Griff.
Ich bemerkte es aber umgehend, sobald ich mich zwei Tage nicht
viel bewege. Ich werde unruhig, gereizt und zudem wird die Stim-
mung dunkler. Erschreckt hat mich in der letzten Zeit tatsächlich,
dass die Begleiterscheinung „Depression" innerhalb der Wechseljah-
re um ein Vielfaches verstärkt war. Hier musste ich handeln, da die
dunklen Wolken so tief kamen, dass sie mein tägliches Leben uner-
träglich gemacht haben. Durch gute Ärzte und eine Hormonersatz-
therapie habe ich auch das in den Griff bekommen. Erschreckt hat
es mich trotzdem sehr!

Wie geschrieben, war ich als Kind viel draußen. In der Wohnung
hat es mich meist nicht gehalten. Davon abgesehen hatten auch

meine großen Schwestern das „Hausrecht". Dieses „Hausrecht" hat sich so geäußert, dass, wenn meine Freundinnen geklingelt haben, meine Schwester die Tür aufgemacht und dann einfach wieder zugeschlagen hat. Nett, oder? Daran können sich meine Freundinnen von damals heute noch erinnern. ☺ Auch konnte ich abends nicht immer meine Kassetten anhören, die ich gebraucht hätte, um einzuschlafen. Es waren Hui-Buh-Geschichten. Kennt die noch jemand? Megacool! Also, ICH fand es megacool. Meine eine Schwester naturgemäß nicht. Wenn es ihr zu viel wurde, ist halt auch mal mein Kassettenrekorder durchs Zimmer geflogen, weil meine Schwester die Geschichten wenig unterhaltend fand und lieber schlafen wollte. Aber gut. Wir waren Kinder.

Das ADHS hat mich selbstverständlich überall, beruflich wie privat, begleitet (und selbstverständlich auch bis heute). Wie ich den Kindergarten empfand, habe ich schon kurz beschrieben. Für die Kindergärtnerinnen war ich ein Albtraum. Das größte Problem war damals, dass ich keinen Mittagsschlaf halten konnte. Als Alternative zum Mittagsschlaf habe ich dann abgespült (auch das hatte ich kurz erwähnt). Das konnte aber nicht ewig so weitergehen und die Lösung damals war: Ich wurde mit fünf Jahren vorzeitig eingeschult. Aus heutiger Sicht glaube ich, dass das nicht die genialste Idee war. Zum einen war ich noch nicht schulreif und musste dann die zweite Klasse wiederholen und zum anderen hatte ich mir genau zu diesem Zeitpunkt den rechten Arm (ein komplizierter Bruch, da ich sogar ins Krankenhaus musste) gebrochen. Im Krankenhaus wurde mir gezeigt, wie man mit der linken Hand schreiben kann. Das ist mir sehr leichtgefallen und ich wollte das auch in der Schule beibehalten. Doch dann musste ich das für die damalige Klassenlehrerin leider ändern, denn Zitat: „Nur der Teufel schreibt mit links!" Es waren die 70er Jahre! Aus pädagogischer Sicht war das eher mangelhaft!

Den Übertritt ins Gymnasium habe ich wie erwähnt (knapp) nicht geschafft. Das gab meiner besonderen Schwerster wieder

Feuer, um mir mal wieder zu sagen sowie zu zeigen, dass ich für alles zu doof wäre. Ich kam also auf die Hauptschule. Na ja, begeistert war ich nicht und sehe mich am ersten Schultag immer noch weinend im Schulsekretariat. Dafür hatte ich aber einen super Musiklehrer, der mein Talent im Bereich Musik entdeckte und mich auch stark förderte. Dadurch habe ich Schlagzeug spielen gelernt und konnte am Ende dieser Schulzeit auch die Badinerie von Johann Sebastian Bach auf dem Xylofon spielen. Musik war (und ist nach wie vor) ein großer Teil meines Lebens!

Da ich in der Musik ein außergewöhnliches Talent entwickelte, stand im Raum, dass ich das beruflich machen sollte. Dazu hätte ich Musik im Schwerpunkt „Schlagwerk" studieren müssen. Doch damit ich das hätte studieren können, brauchte ich neben Klavierunterricht auch die Mittlere Reife. Diese hatte ich aber nicht, sondern nur den Qualifizierenden Hauptschulabschluss. Meine Mutter versuchte hier eine passende Lösung zu finden. Ihr erster Versuch war eher indirekter Art und über eine schulische Ausbildung. Nun ... ein Albtraum! Bitte nicht falsch verstehen. Die Ausbildung an sich ist sicherlich gut, nur das völlig Falsche für mich. Hier musste man kochen, alles über Ernährung lernen und so ein Zeug. Nach zwei oder drei Wochen wollte ich da nicht mehr hin. Also kam meine Mutter auf die Idee, mich direkt an einer Realschule anzumelden. Das war nicht einfach und eigentlich wollten wir auch schon aufgeben. Überall bekamen wir die gleiche Antwort: Ich hatte nicht die passenden Voraussetzungen aufgrund fehlender Fremdsprachenkenntnisse.

Kurzer Exkurs zu meinen Fremdsprachen: *Als Voraussetzung für eine Übernahme in eine Realschule hätte ich in der Hauptschule mehrere Jahre Englisch haben müssen. Ich hatte auch ein Schuljahr Englisch. Jedoch kam meine Mutter auf die Idee, meine eine besondere Schwester zu fragen, ob sie mir „Nachhilfe" geben könnte. Sie ist ein absolutes Sprachentalent! Da beneide ich sie sehr. Wie immer kam dann dabei raus, dass sie mir sagte, dass ich dazu zu doof sei und meine Aussprache total falsch wäre. Also habe ich im nächsten Schuljahr Englisch abgewählt. Dafür hatte ich dann Werken, techni-*

sches Zeichnen und Kochen! Was fürs Leben. ☺ *Erst jetzt, mit über 50 Jahren, versuche ich eine andere Sprache zu lernen. Nach wie vor ist das schwierig für mich.*

Aber irgendwie, und ich weiß nicht, was sie dem Rektor dieser Schule erzählt hatte, hat meine Mutter es bei einer Realschule (etwas weiter weg) geschafft, dass sie mich annahmen. Es gab einen kleinen Haken: Ich musste wieder in die achte Klasse und war somit älter als die anderen in der Klasse. Es gab Schlimmeres. ☺ Und ja, es kam schlimmer, und zwar wegen des Zweigs, in dem ich in der Realschule angemeldet war. Der technische Zweig! Hier gab es viel Mathematik, Physik und ... technisches Zeichnen! Eine riesige Herausforderung für mich und ohne meinen damaligen Klassenlehrer, der an mich geglaubt hat, hätte ich das nie geschafft. Dafür bin ich ihm bis heute dankbar! Ganz, ganz lieben Dank! Das war eine großartige Zeit. Ich habe diese Schule mit all den Klassenfahrten und Herausforderungen sehr genossen.

Nun ja, die Mittlere Reife habe ich tatsächlich geschafft. ABER ... in der Zwischenzeit auch meinen Ex-Mann im Sommerurlaub kennengelernt. Ich war sehr verliebt und muss auch an dieser Stelle gleich anführen, dass die ersten zehn Jahre unserer Beziehung großartig waren und ich überglücklich war. Aufgrund dieser Beziehung habe ich dann das Musikstudieren auf Eis gelegt (zum Leid meiner Mutter und meines damaligen Musik- und gleichzeitig Klavierlehrers). Da ich zu dieser Zeit keine Ahnung hatte, was ich beruflich eigentlich mal machen wollte (Musik zu studieren war irgendwie vom Tisch), bin ich erst einmal weiter auf die Schule gegangen und habe mein Fachabi im Bereich Technik (oder wie meine Schwester es nannte „Behindertenabitur") drangehängt, mit einem Notendurchschnitt von 1,6 abgeschlossen. Ich war so stolz auf mich, wäre da nicht wieder der Kommentar meiner Schwester gewesen. Im Anschluss habe ich einen Handwerksberuf gelernt, den ich in verkürzter Zeit mit dem Meisterbrief und mit Auszeichnung abgeschlossen habe.

Kurzer Exkurs zur Ausbildung im Handwerk: *Das mit der Berufsausbildung war jetzt ein wenig schnell und kurz formuliert. Zum Hintergrund: Die Eltern meines Ex-Manns hatten einen Handwerksbetrieb. Mein Ex-Mann hat ewig auf mich eingeredet, ob ich nicht einsteigen möchte und mir dann z.B. zu Weihnachten Fachbücher geschenkt. Irgendwann habe ich nachgegeben und dafür auch das Angebot meiner Schule, in Los Angeles für zwei Semester Architektur zu studieren, ausgeschlagen. Sie können sich nicht vorstellen, wie alle Lehrkräfte auf mich eingeredet haben, inklusive des Innungsmeisters, ob ich das wirklich ausschlagen wolle. Doch ich war so verliebt in meinen Ex-Mann und dachte, dass wir eine gemeinsame Zukunft mit diesem Betrieb hätten. Deshalb entschied ich mich für die Ausbildung im Handwerk.*

Zum Zeitpunkt meiner Meisterprüfung war ich zwei Jahre verheiratet (fünf Jahre Beziehung) und unser Sohn war gerade auf die Welt gekommen (er war noch kein Jahr). Nach der Geburt unseres Sohnes habe ich mich irgendwie verändert und ich wollte plötzlich nicht mehr immer nur das tun, was andere wie z.B. mein Ex-Mann und seine Eltern mir sagten. Ich wollte auch mehr für mich tun. Das hatte zur Folge, dass es unruhig in unserer Beziehung wurde.

Leider hatte ich ein schlechtes Verhältnis zu meinen Schwiegereltern. Sie konnten mich nie so richtig leiden und schon gar nicht, als ich als Frau beschloss, einen Meisterbrief zu machen. Sie haben mir nach dem Bestehen noch nicht einmal gratuliert. Mein Ex-Mann hatte mich, was seine Eltern betraf, leider nie unterstützt. Das ging schon sehr lange so. Sehr oft hat mich in der Zeit der Geselle des Handwerksbetriebs in den Arm genommen und mir gut zugeredet. So kam es auch zur folgenden Situation: Es ging darum, dass mein Ex-Mann das Angebot bekam, den Betrieb von seinem Lehrmeister zu übernehmen. Ich fand, dass das ein großartiges Angebot war. Der Betrieb war auch gleich in der Nachbargemeinde und somit nicht weit weg von unserem. Wohnort und dem Handwerksbetrieb meiner Schwiegereltern. Da das Verhältnis zwischen mir und seinen Eltern, wie geschrieben, sehr angespannt war, fand ich das Angebot sehr gut und habe darüber mit meinem Ex-Mann gesprochen. Auch er war davon überzeugt und wollte dann seine Entscheidung auch seinen Eltern mitteilen. Doch das lief anders als gedacht. Als er von dem Gespräch zurückkam, hatte er seinem Lehrmeister abgesagt und dagegen seinen Eltern die Übernahme des Betriebs zugesagt. Ausschlaggebend war, dass seine Mutter bei dem Gespräch weinte. Damit war die Entscheidung getroffen und wir übernahmen den Betrieb seiner Eltern. Es war für mich eine sehr schwere Zeit. Ich lief bei Ideen für das Geschäft gegen Wände und wenn ich etwas veränderte, kamen seine Mutter oder sein Vater und machten es einfach rückgängig (Das haben wir schon seit Jahren so gemacht und Punkt!). Es fühlte sich an, als wäre ich allein ohne große Unterstützung. Das entzog mir sämtliche Energie. Energie, die ich gerne in neue Ideen und unsere junge Familie investiert hätte. Irgendwann hat mir eine Frau aus einem anderen Betrieb geraten, zu überlegen, ob ich nicht die Reißleine ziehen möchte. Ich würde hier definitiv zugrunde gehen. Darüber musste ich dann auch gar nicht lange nachdenken. Schon kurz nach diesem Gespräch hatte ich einen heftigen Streit mit meinem Schwiegervater (Hatte ich schon erwähnt, dass ich meine Schwiegereltern sogar nach der Hochzeit „siezen" musste und sie mich zu einem Ehevertrag gedrängt haben?) und die besagte Reißleine gezogen. Denn auch bei diesem Streit hatte ich keinerlei Rückendeckung von meinem Ex-Mann. Nach diesem Streit, bei dem ich eine Glastür so stark zuschlug, dass die Scheibe rausfiel, bin ich in die Wohnung gegangen und habe ein Umzugsunternehmen und meine Eltern angerufen. Innerhalb kürzester Zeit bin ich ausgezogen und wieder zurück in die Stadt, in der meine Eltern sowie meine Familie lebten. Mein Stiefvater hat mir eine Wohnung besorgt, was deshalb so schnell ging, da er u. a. mit Immobilien zu tun hatte. Um den Mietvertrag zu unterzeichnen habe ich kurzerhand einen Flug gebucht, schnappte meinen Sohn und flog zu meinen Eltern. Dort habe ich die Wohnung besichtigt, den

Mietvertrag unterschrieben und bin noch am selben Tag wieder zurückgeflogen. ZACK! Einfach so! Ich weiß gar nicht, wie ich das alles damals gemacht habe und wie es sich mit meinem Ex-Mann verhalten hatte. Was ich aber sicher weiß, ist, dass ich ihn nie gebeten oder verlangt habe, dass er zu uns kommt. Selbst als ich den letzten Tag noch in dem Betrieb war, um ihm zu helfen, war es ihm wichtiger, das zu tun, was seine Eltern ihm sagten. So, wie er sich mir gegenüber verhalten hatte, hatte ich auch keinen Gedanken daran verschwendet, ob er zu uns kommt. Ich war zu diesem Zeitpunkt der Meinung, dass dies die endgültige Trennung wäre. Wir telefonierten dann das eine oder andere Mal und irgendwann kam er jedoch nach. Warum? Ich weiß es nicht. Plötzlich war der Betrieb verkauft und mein Ex-Mann bei uns. Doch meine Erinnerungen an diese Zeit sind ziemlich verschwommen und ich kann auch nicht sagen, was wir besprochen hatten. Meine Gedanken drehten sich nur um unseren Sohn und dass es gut für ihn wäre, wenn sein Vater da wäre und auch, dass sein Vater eine zweite Chance verdient hätte. Ich wollte nicht, dass unser Sohn so wie ich als „Scheidungskind" aufwachsen würde. Das war im Nachhinein und aus heutiger Sicht nicht der richtige Gedanke gewesen. Nicht für mich, nicht für die Beziehung und schon gar nicht für unseren Sohn.

Viel später fragte ich meinen Ex-Mann, warum er eigentlich zu uns gekommen war. Er meinte, dass er damals die Auswahl zwischen Pest und Cholera hatte: Ich und sein Sohn oder seine Eltern. Da es weder ein Wunsch von uns beiden noch sonst etwas Positives an dem erneuten Zusammenleben die Basis war (im Grunde war es eine Zweckgemeinschaft), prägte die Beziehung besonders, dass mein Ex-Mann ab diesem Zeitpunkt wie verändert war. Negativ. Depressiv. Unglücklich. Unzufrieden. Nicht mehr der Mann, den ich geheiratet und geliebt hatte.

Beruflich ging es dann die nächste Zeit auf und ab. Irgendwie musste ich Geld verdienen. Leider war es in meiner Handwerksbranche üblich, dass man um vier Uhr morgens mit der Produktion anfing. Zu dieser Tageszeit bekam ich leider keinen Babysitter und meine Mutter hatte sich geweigert, auf unseren Sohn aufzupassen. Ihre Begründung war: „Ich habe vier Kinder großgezogen. Mach du das mal allein." Konnte ich auch irgendwie nachvollziehen. Half mir in diesem Moment aber nicht weiter. Die Zeit, bis unser Sohn in den Kindergarten konnte, war für mich sehr unangenehm und zeitweise auch erniedrigend. Denn zu dieser Zeit konnte ich keinen regelmäßigen Job annehmen. Also ging ich mit meiner Mutter auf Flohmärkte oder machte Musik auf Weihnachtsfeiern usw. Sofern mein Ex-Mann einen Job hatte, musste ich ihn um Geld bitten, wenn ich größer einkaufen wollte oder etwas für unseren Sohn besorgen musste. Auch musste ich mit größeren Besorgungen warten, da er das einzige Auto hatte ... Ich hatte ein Fahrrad mit Kindersitz.

Doch dass ich immer um Geld bitten und schon fast betteln musste, empfand ich damals als sehr demütigend und ich war froh, als unser Sohn in den Kindergarten ging. Jetzt konnte ich zumindest in der kinderfreien Zeit Arbeiten wie z. B. Flyer Gestaltung und Plakatgestaltung für Unternehmen übernehmen oder allgemeine Büroarbeiten anbieten und mir auch einen Job im Verkauf oder beim Sicherheitsdienst am Flughafen suchen. Das hat uns gut über Wasser gehalten, wenn mein Ex-Mann wieder seinen Job verlor. So ging es einige Jahre weiter. Unser Sohn war mittlerweile in der Grundschule. Zu dieser Zeit wurde von Lehrern erkannt, dass er im Unterricht oft sehr verträumt und abwesend war. Das war der Zeitpunkt, als wir die Diagnose „ADS" (und für mich ADHS) bekamen.

Irgendwann kam es dann zu dem glücklichen Umstand, dass ich ein wenig Geld übrighatte und überlegte, was ich damit anstellen sollte. Die Überlegung war, dieses Geld entweder wie immer in die Familie zu stecken oder mal etwas für mich zu machen. Ich war hin und hergerissen. Also fragte ich einen meiner Onkel um Rat. Mein Onkel meinte dann, dass eine Investition in sich selbst immer gut angelegtes Geld ist. **Gesagt, getan.** Ich habe mich dann für eine Weiterbildung im Bereich Marketing angemeldet. Eine meiner guten Entscheidungen, zumindest im Nachhinein. Denn zu dieser Zeit ging es mir gesundheitlich nicht gut. Ich hatte schon ein Burn-out hinter mir und litt unter Panikattacken. Die lange Fahrt (30 km) zum Weiterbildungsinstitut war für mich die Hölle. Bei den ersten drei Fahrten war tatsächlich mein Ex-Mann dabei. Danach bin ich auf eigene Entscheidung allein gefahren. Hierzu musste ich mich immer wieder überwinden. Ich muss auch erwähnen, dass er mich dann auch zur Prüfung gefahren hat. Wer jetzt denkt, mein Ex-Mann hätte mich ja doch unterstützt, liegt völlig daneben. Nach außen hat er mich unterstützt, doch wenn wir allein waren, stempelte er mich als psychisch krank ab und nutze jeden Moment, um mich zu demütigen und dämlich dastehen zu lassen. So musste ich mich zu Hause immer verteidigen, warum ich irgendwas mit Marketing machte. „Das braucht doch kein Mensch und kostet einen Haufen Geld!"

Exkurs und Beispiele, die mich sehr geprägt haben: *Als ich meine erste Panikattacke bekam, wusste ich nicht, was gerade mit mir geschah. Ich dachte tatsächlich, ich würde an einem Herzinfarkt sterben. Als ich meinen Ex-Mann um Hilfe bat (Der auch nicht wusste, was mit mir los ist.), antwortete er: „Wenn du denkst, dass du Hilfe brauchst, ruf dir selbst einen Krankenwagen". Das habe ich dann auch gemacht. Als der Notarzt kam und mit mir geredet hat, ging der Puls runter und alle Werte normalisierten sich. Er erklärte mir dann, dass es eine Panikattacke war. Leider kamen diese Attacken dann gehäuft, was mein Leben massiv beeinflusste, und ich begann, mir selbst Hilfe zu suchen. Eine Psychologin meinte dann, ich wäre völlig ok und sollte lieber meine Schilddrüse untersuchen lassen. Sie hatte teilweise recht. Es wurde Hashimoto diagnostiziert. Das Einstellen der Medikamente war eine große Herausforderung. Obwohl ich wusste, was ich hatte, machte mir das Angst, denn die Panikattacken hielten weiter an ... waren alltäglich. Die Zeit war schlimm und ich fühlte mich allein. Irgendwann war es sogar so weit, dass ich aus Angst nicht mehr aus dem Haus wollte und mich regelrecht ein-*

sperrte. Zu dieser Zeit war unser Sohn im Kindergarten. Er malte mich dann immer schlafend auf der Couch. Das hat mich unendlich traurig gemacht. Ich fasste einen Entschluss: Das konnte so nicht weitergehen! Ich packte mich selbst an der Nase und dachte mir: Dein Sohn braucht eine funktionierende Mutter. Also reiß dich zusammen und komm wieder auf die Beine. **Gesagt, getan!** Also habe ich angefangen, allein und ohne Hilfe von außen immer längere Strecken das Haus zu verlassen und auch wieder mit dem Auto weiter als zum Supermarkt zu fahren, egal wie stark die Angst war. Immer wieder ein bisschen mehr. Um auch Spaziergänge für mich sicher durchzuführen, holte ich mir einen kleinen Hund. Ich werde ihn nie vergessen! Er war für mich ein Therapiehund und ich bin diesem kleinen Wesen bis heute dankbar!

Diese Zeit war sehr anstrengend und kräfteraubend. Ich versuchte alles, um dieses Tief zu überwinden. Allein! Ich hatte weder Hilfe durch meine Familie, meine Freunde, noch durch meinen Ex-Mann. Dabei wollte ich nur wieder am Leben teilhaben. Aus diesem Grund und auch, um wieder unter Menschen zu kommen, feierten wir mal wieder unsere Geburtstage mit Freunden. Da wir zwei Tage auseinander Geburtstag hatten, feierten wir immer zusammen. Doch leider war die Feier nicht so erbaulich, wie ich es mir gewünscht hatte. Denn ich habe meinen Ex-Mann mit einer meiner Freundinnen knutschend aufgefunden. Am nächsten Tag meinte er, er könne sich an nichts erinnern, er wäre sehr betrunken gewesen. Ich habe das so hingenommen. Genauso wie die vielen Beschwerden meiner Freundinnen, dass mein Ex-Mann ihnen immer auf den Hintern schlug oder sie dort anfasste. Und wenn ich schon bei dem Thema bin, kommt mir in den Sinn, dass er bei seinem Job damals am Flughafen ständig Doppelschichten geschoben hat. Seit meiner Scheidung denke ich auch zu wissen, warum. Denn zu diesem Zeitpunkt war er zum letzten Mal an dem gemeinsamen Bankschließfach. Nachdem ich bei der Scheidung auf die Öffnung des Schließfaches bestanden habe, war meine Uhr (Die ich mir selbst als Belohnung zu meinem Meisterbrief gekauft habe.) weg, wie auch eine Goldkette und ein Goldarmband. Als ich bei meinem Ex-Mann nachfragte, wo meine Uhr wäre, antwortete er: „Wirst du wohl verlegt haben!" Da komme ich einfach nicht darüber hinweg. Na ja ... Ich nehme mal den roten Faden wieder auf. Wobei ich gerade viele Gedanken im Kopf habe. So auch die seltsamen Anrufe bei uns zu Hause, wo nach einem Mann mit seinem Namen gesucht wurde, der sich immer wieder mit Frauen in Discos verabredet hatte oder auch die seltsame Aktion, als sein Auto verkratzt wurde, und das wirklich an jeder nur möglichen Stelle (z. B. Dach und Tankdeckel). Auch die Kennzeichen wurden gestohlen. Nach Aussage der Polizei war dies ein gezielter Anschlag gewesen und nicht nur so im Vorbeigehen passiert. Jetzt höre ich mal auf.

Eine weitere Situation, in der mich mein Ex-Mann als psychisch schwer krank bezeichnete, war folgende: Als wir in unser letztes gemeinsames Haus zogen, haben wir aus dem Haus davor die Einbauküche mitgenommen und selbst (mithilfe eines Freundes) eingebaut. Die Einbauküche hatte um die Cerankochfelder eine Dekormetallschiene. Zudem war als Spritzschutz an der Wand hinter dem Herd ebenfalls Metall. Immer wenn ich den Herd sauber wischte, fühlte ich ein Kribbeln in den Händen. Da mir das sehr suspekt vorkam, habe ich das meinem Ex-Mann erzählt. Er meinte dann, dass ich wohl die falschen Socken anhätte, deshalb würde sich alles aufladen und ich das Kribbeln spüren. Nun, das klang seltsam, aber ok. Kann sein. Doch auch mit anderen Socken änderte sich nichts und wieder erzählte ich meinem Ex-Mann, dass das Kribbeln immer noch da wäre. Dann meinte er jedoch, ich hätte es wohl mit den Nerven. Als ich dann am nächsten Tag den Herd mit einem feuchten Lappen wischte und gleichzeitig den Metallspritzschutz berührte, flog mein Lappen durch die ganze Küche. Puhh, ... das hat ordentlich wehgetan. Als ich abends meinen Ex-Mann bat, mit einer Hand an den Metallrahmen und mit der anderen Hand an den Metallspritzschutz zu fassen (Ich habe aus eigener Erfahrung auf den feuchten Lappen verzichtet.), bekam er ordentlich eine gewischt. Man glaubt es kaum, aber am nächsten Tag der Elektriker da. Es lag Kriechstrom auf dem Metallrand.

Ein weiteres Beispiel: Wir sind einmal gemeinsam (also mein Ex-Mann, unser Sohn und ich) von einer Feier nach Hause gefahren.

Ich bin am Steuer gesessen. Als wir auf die Stadtgrenze von außen mit ca. 100 km/h zufuhren, habe ich versucht, abzubremsen. Doch leider ging das Bremspedal ohne Widerstand durch. Ich probierte es mehrmals. Ich sagte das dann auch und mein Ex-Mann meinte, ich sollte endlich bremsen. Na ja, das habe ich ja versucht, aber es ging nicht. Also sind wir mit knapp 90 km/h in die Stadt eingefahren. Zum Glück war auf der Straße nichts los und ich konnte den Wagen ausrollen lassen. Mein Ex-Mann meinte, dass ich einfach zu doof zum Bremsen wäre. Ich bin dann ausgestiegen und mit unserem Sohn zu Fuß nach Hause gelaufen. Als wir zu Hause ankamen, war der Wagen mit offener Motorhaube im Hof. Mein Mann war entsetzt und sagte mir dann, dass die Bremsen nicht gingen. Ach echt? Er brachte den Wagen am nächsten Tag in die Werkstatt und beschwerte sich, wie schwer es wäre, den Wagen mit der Handbremse zu bremsen. Nach einer Zeit meldete sich die Werkstatt mit der Diagnose: Gerissener Bremsschlauch.

Um wieder den roten Faden zu meinen beruflichen Ausbildungen aufzunehmen: Zu einem ganz späten Zeitpunkt habe ich dann aufgrund der damals schlechten beruflichen Situation beschlossen, nach meiner Weiterbildung zu studieren. Die Gründe dafür waren vielfältig. Aber entscheidend war, dass ich mich in der Weiterbildung sehr wohlfühlte. Ich bekam Anerkennung und lernte auch, dass ich nicht so doof war, wie es mir oft vermittelt wurde. Zudem habe ich meine Leidenschaft für das Lernen entwickelt und ich wollte damals unbedingt wissen, was es mit der sogenannten „Blackbox des Konsumenten" auf sich hatte. Als ich den Gedanken zum Studieren fasste, war ich 37 Jahre alt. Irgendwas trieb mich innerlich an und auch wenn ich mir ein erfolgreiches Studium selbst nicht zutraute, so wollte ich es zumindest mal versucht haben. Tja ... jetzt habe ich einen Abschluss als Diplom-Wirtschaftspsychologin (FH), einen internationalen Master sowie (und jetzt einen Trommelwirbel) ... erfolgreich promoviert. Und (entgegen der Unkenrufe meiner besonderen Schwester) das alles mit ADHS und obwohl ich für alles zu doof war! Jetzt bin ich die Einzige in unserer Familie mit einem Doktortitel. Tja … Um das abzuschließen: Meine Schwester behauptet, ich hätte mir alle Titel erkauft. Sie kann diesen Erfolg von mir immer noch nicht anerkennen. Schade! Ich bin aber supermegahyperstolz auf mich! ☺

Nochmals wichtiger und lehrreicher Exkurs zu ADHS: *An alle Kinder, denen ADHS diagnostiziert wurde: Akzeptiert, dass ihr anders seid. Ihr habt in Euch wahnsinnig großartige Talente. Lasst Euch das nicht schlecht reden! Ihr seid anders, aber einzigartig und klasse! An die Ärzte dieser Kinder: Man muss es nicht unbedingt mit Medikamenten behandeln (Sicherlich macht es bei vielen Sinn. Keine Frage!), denn es geht auch anders. Es ist schwierig, man muss doppelt so viel und härter arbeiten wie die anderen, aber es geht!*

So, dass mal kurz zum Hintergrund und zu mir.

In den letzten 25 Jahren nach der Rückkehr meines Ex-Mannes lief es so auf und ab, jedoch geschah nichts, was man unbedingt erwähnen müsste. Aus diesem Grund hier eine kurze Zusammenfassung:

Die Beziehung zu meinem Ex-Mann wurde von Jahr zu Jahr kälter und wir gingen mittlerweile mehr getrennte als gemeinsame Wege. Er konnte mit meinem Wissensdrang nichts anfangen. Auf Nachfragen, ob er sich nicht auch weiterbilden möchte, kam immer als Antwort: „Das brauche ich nicht!" Unser Sohn wurde zwischenzeitlich mit der Schule fertig (Allgemein war die Schulzeit vor der Ausbildung ein Albtraum für beide Seiten und würde hier zu weit gehen. – vielleicht in einem anderen Buch.) und machte eine Ausbildung. Mein Ex-Mann war zwischenzeitlich angestellt (Er hatte zahlreiche Jobs und arbeitslose Zeiten im Wechsel.) und ich hatte mich gerade selbstständig gemacht (Meine Promotion war noch nicht ganz fertig.), da ich zu diesem Zeitpunkt bei einer Hochschule gekündigt wurde und eine neue berufliche Herausforderung suchte.

Das Jahr VOR der Trennung

Ein kleiner Abstecher in das Jahr VOR der Trennung von meinem Ex-Mann. Alles, was an Ereignissen hier folgt, ereignete sich innerhalb von fünf Jahren: Zu diesem Zeitpunkt des Jahres vor der Trennung waren wir 21 Jahre verheiratet. Wie erwähnt lebten wir schon mehr nebeneinander als miteinander. Wir wohnten nach wie vor in dem Haus, in dem zu Beginn der Kriechstrom in der Küche war. Unser Sohn war ein junger Mann und hatte seine erste feste Freundin, die bei ihm im Keller wohnte. Mein Hund (Ich werde dich nie vergessen!) war schon sechs Jahre tot und wir hatten mittlerweile drei Freigängerkatzen (zwischenzeitlich auch mal ein Huhn, aber dazu ein anderes Mal mehr). Das Haus lag idyllisch am Stadtrand einer Kreisstadt. Gegenüber war ein Bauernhof mit Kühen und Hühnern. Eigentlich nach außen perfekt! Das kam meinem Traum eines perfekten Lebens mit Familie sehr nahe. Zumindest nach außen.

Innerlich ging es mir nicht gut. Ich hatte zahlreiche gesundheitliche Probleme (physisch wie psychisch). Wie immer versuchte ich damit allein zurechtzukommen. Hilfe von außen gab es leider nicht. Also versuchte ich, mich auf etwas anderes zu konzentrieren, und legte mir ein privates Projekt zu. Das Projekt „Wintergarten". Mir schwebte ein Wintergarten vor, von dem aus wir im Winter den Schneeflocken zusehen könnten, wie sie vom Himmel fallen oder auch Sternschnuppen beobachten, ohne nass zu werden oder zu frieren. **Gesagt, getan!** Tatsächlich haben wir versucht, diese Idee praktisch umzusetzen. Fast zehn Jahre vor Beendigung des Projekts haben wir damit angefangen und die Bodenplatte in Beton gegossen. Aber das war es dann auch. Denn (wie so oft) kam es zu einem massiven finanziellen Engpass und wir legten das Projekt auf Eis. Die Finanzen waren aufgrund eines beruflichen Experiments meines Ex-Mannes sehr in Schieflage geraten. Zu dieser Zeit bekam ich sogar einen Anruf unserer Bank mit dem Hinweis, dass sie aufgrund unserer Finanzen den Hauskredit kündigen wollten. Wir hatten zu wenig Einkommen, um davon leben zu können. Ich musste schnell handeln und nahm einen weiteren Job an. Dann war die Sache vom Tisch.

Warum ich gerade das mit dem Wintergarten hier beschreibe? Nun, neben dem, dass es ein privates, sinnvolles Projekt für mich war, war das auch bezeichnend für unsere Beziehung. Wir haben viel angefangen, zudem auch viele Ideen und Wünsche gehabt, ... aber alles immer nur auf Eis gelegt. Das lag nicht an mir. Mein Ex-Mann war mit seinem Leben einfach zufrieden (behauptete er). Sein Lebensziel war Arbeiten (Sofern er nicht wieder den Job verloren hatte.), Essen und Schlafen. Ich habe das irgendwann akzeptiert und auch keine Hoffnung mehr gehabt, dass sich das ändert. Somit waren wir nie oder selten im Urlaub (Das tut mir im

Nachhinein für unseren Sohn immer noch sehr leid.), haben uns sonst nicht viel gegönnt. Langweiliger Alltag ohne Aussicht auf Hoffnung. Zudem war es aus meiner Sicht nicht gut, dass nur ich finanziell für vieles wie auch unser Vergnügen aufkommen musste. Das heißt, haben wir mal eine Pizza bestellt, dann musste ich diese auch bezahlen oder sind wir mal essen gegangen, musste auch ich bezahlen. Sein Geld gehörte ihm.

Hierzu wieder ein kleiner Exkurs in die Vergangenheit: Was mir immer oft in den Sinn kommt, war die erste Zeit, nachdem ich wieder in meinen alten Heimatort gezogen bin. Ich hatte keinen Job (Ich erwähnte das schon einmal kurz.), da meine Mutter nicht auf unseren Sohn aufpassen wollte und Geld für einen Babysitter stand gar nicht zur Debatte. Das bedeutete leider auch, dass ich um jedes Geld für mich und meinen Sohn bei meinem Ex-Mann betteln musste. Da er wieder bei mir wohnte, gab es keinen Unterhalt oder ähnliches. Ich habe immer gearbeitet bis zu diesem Zeitpunkt. Mein Ex-Mann nutzte diese Situation und seine Macht über das Geld aus und drängte mich in eine Bittstellerrolle. Es war sehr erniedrigend. Zudem war er mit unserem Auto mobil (Er war ja berufstätig.) und ich bekam ein Fahrrad mit Kindersitz. Na ja, zumindest unser Sohn hatte Spaß, als er mir während meiner mühevollen Fahrt mit seinem Helm immer wieder in den Rücken schlug (Das bedeutete schneller fahren. ☺) und an roten Ampeln nichts Besseres zu tun hatte, als immer seine Schuhe auszuziehen. Aus diesem Grund beschränkte ich die Fahrten auf das Nötigste und ich war in dieser Zeit viel zu Hause.

Zu diesem Zeitpunkt war mein Ex-Mann entweder arbeiten, hatte mal wieder den Job gewechselt oder war arbeitslos. Wenn er einen neuen Job hatte, musste ich mich mit allem vollkommen nach ihm richten. So war es egal, wenn z. B. Handwerker kamen, etwas besorgt werden musste oder ich andere Kollegen vertreten musste. ICH musste mich darum kümmern und mich nach ihm richten. Mein Ex-Mann konnte sich nur um seinen Job kümmern. Währenddessen war ich an einer Hochschule angestellt, die mich sehr gefordert hat (Ich hatte einen Vollzeitjob an der Hochschule, einen Nebenjob bei einem dazugehörigen Weiterbildungsinstitut, habe Vorlesungen gegeben, virtuelle Klassenzimmer abends technisch betreut, mich um unseren Sohn, den Haushalt und Garten sowie meine Eltern gekümmert und nebenbei studiert.). Nachdem ich immer mehr gesundheitliche Probleme bekam, habe ich irgendwann angefangen, darüber nachzudenken, ob das, so wie es jetzt war, schon mein Leben war? Nichts von der Welt sehen, keine neuen Erfahrungen, keine neuen Menschen kennenlernen; ich hatte zu diesem Zeitpunkt den Eindruck, in einem endlosen Hamsterrad zu sein, in dem es keine Zukunftsaussichten gab. Musste es wirklich so weit kommen, dass ich meine Träume wieder aufgebe, nur um die Wünsche der Familie zu erfüllen?

Mir war eine intakte Familie wichtig geworden, weshalb ich diese persönlichen Gedanken nicht nur mit mir selbst rumgetragen habe. Oft, sehr oft habe ich meinen Ex-Mann gefragt, wie er sich die kommenden Jahre vorstellte. Was seine Wünsche und Ziele waren? Er meinte, für ihn passe alles und er hätte keine weiteren Wünsche. Er hätte gerade einen Job, der Spaß mache, eine Weiterbildung bräuchte er nicht. Passt doch alles! Diese einfache Antwort schnürte mir die Luft ab! Will er denn nicht mehr in seinem Leben? Außerdem war die Vermutung meines Ex-Manns, dass wenn wir alles fertigstellen, was wir uns wünschen, ich das Haus verkaufen wolle. Wie er darauf kam, weiß ich nicht. Aber aus heutiger Sicht war diese Aussage schon fast eine Vorhersage. Er wusste gar nicht, wie recht er mit dieser seltsamen Bemerkung hatte. Allerdings nutzte er genau diese Argumentation, um alles, was er handwerklich angefangen hatte, aus diesem Grund einfach nicht fertigzustellen. Ist auch eine Strategie (Die mich in den Wahnsinn getrieben hat!).

Wie sich das Schicksal manchmal fügt

Eingeleitet hat die große Wende in meinem Leben eine berufliche Veränderung in die Selbstständigkeit. Diese war nicht freiwillig, aber im Nachhinein das Beste, was mir passieren konnte. So war ich leider von der Hochschule gekündigt worden und wollte nach dem ganzen Theater dort (Ich musste mir sogar einen Rechtsanwalt besorgen, der aus dem belächelnden Kopfschütteln über die Art und Weise der Kündigung gar nicht mehr rauskam.) erst einmal wieder auf die Beine kommen. Da ich mich während meines Jobs gut vernetzt hatte, bekam ich verschiedene Jobangebote. Das erste war für ein Weiterbildungsinstitut, das zweite für eine Hochschule und das dritte für ein Projekt. Lustigerweise kamen alle drei Angebote aus der gleichen Region gut 400 km von meinem Wohnort entfernt, wo ich aktuell auch lebe. Das dritte Angebot für ein Projekt als selbstständige Freelancerin habe ich dann angenommen, nachdem mich meine Familie dazu überredete. Freiwillig wollte ich das nicht. Das ausschlaggebende Argument meiner Familie war der Verdienst. Der Verdienst war das Vierfache von dem, was ich an der Hochschule bekam. Ich wollte den Job gar nicht. Denn dazu musste ich nicht nur lange pendeln, sondern sogar von Montag bis Donnerstag in einer fremden Stadt wohnen. Doch mein Ex-Mann, unser Sohn und seine Freundin haben so lange auf mich eingeredet, bis ich den Job angenommen habe. Im Nachhinein: Es war das Beste für mich, über meinen Schatten zu springen und etwas zu tun, was ich mir nicht zugetraut hatte. Dieser Job und die dazugehörigen Lebensumstände haben mir so viele Perspektiven für mein Leben aufgezeigt. Da es sich um ein Projekt handelte, war die Zeit leider begrenzt und ich arbeitete in diesem Projekt nur insgesamt 2,5 Jahre.

Nachdem ich schon in dem Jahr vor der Trennung durch das oben erwähnte Projekt gut (oder besser: sehr gut) verdient habe, habe ich dann das oben erwähnte private Projekt, mein altes

Herzensprojekt, „Wintergarten" wieder aufgenommen und angefangen, es in die Tat umzusetzen. Es war nicht einfach, da ich die meiste Zeit nicht zu Hause war. Genau diese Abwesenheit war nicht nur für das Projekt ein Problem.

Exkurs Rollentausch: Durch meine Abwesenheit unter der Woche musste mein Ex-Mann sich nun um alles kümmern, was ich vorher übernommen hatte, inklusive Haushalt, Handwerker usw. Das passte ihm leider gar nicht. Hierzu ein kleines Beispiel, wie sich das mir gegenüber äußerte: Als ich nach der ersten Woche im neuen Job nach Hause kam, war mir bewusst, dass noch nicht alles rund lief. Also habe ich mir im Auto immer und immer wieder gesagt, dass ich nichts über die Sauberkeit sowie Ordnung im Haus sagen würde. Das müssten alle erst noch lernen und es würde ein wenig dauern. Als ich gegen 20 Uhr zu Hause ankam, war niemand da. Tatsächlich war ich enttäuscht und hatte gehofft, dass ich neugierig empfangen würde. Nun, nachdem niemand da war, suchte ich nach was Essbarem. Ich hatte von der Fahrt großen Hunger. Dann kam mein Ex-Mann um die Ecke. Ich begrüßte ihn und fragte, ob es was zu essen gäbe. Da holte er Luft und brüllte mich an: „Wenn ich denke, dass ich jetzt jede Woche etwas zu essen bekomme, wenn ich nach Hause komme, kann ich mir das gleich mal von Backe schmieren." Und weg war er! Das war mal eine klare Ansage. Ich bekomme als nichts zu essen, wenn ich jede Woche von meinem Projekt nach Hause komme. Gut zu wissen. Tatsächlich hat er das auch die meiste Zeit durchgezogen. Übernommen hat das dann die Freundin meines Sohnes. Sie hat an dem Tag gekocht, an dem ich immer nach Hause gekommen bin. So hatten alle was davon. ☺ An dieser Stelle möchte ich auch noch gleich anfügen: Mein Sohn und seine Freundin haben alles versucht, um meinen Ex-Mann im Haushalt zu unterstützen, sofern sie dazu Zeit neben der Ausbildung hatten. Dafür noch im Nachhinein meinen herzlichen Dank an die Zwei! Auch haben Sie sich im Anschluss aus den Streitereien zwischen mir und meinem Ex-Mann rausgehalten und haben sich nicht auf eine der zwei Seiten geschlagen, was ich aus heutiger Sicht großartig und als sehr erwachsen empfinde! Hinsichtlich der Sauberkeit wurde es leider nicht besser. Hier habe ich dann im weiteren Verlauf eine Putzhilfe ins Spiel gebracht, was auch nicht viel genutzt hat. So bin ich beispielsweise mal nach Hause gekommen und als ich in der Küche war, bin ich mit meinen Schuhen fast kleben geblieben. Mir wurde dann erzählt, dass eine Colaflasche übergeschäumt war. Nun ... also ich wische so was gleich im Anschluss weg. Mein Ex-Mann nicht! Die Folge solcher und weitere Eskapaden war, dass ich Donnerstagabend nach Hause gekommen bin, am Freitag die Wäsche gewaschen und neben dem Arbeiten im Homeoffice auch geputzt habe. Samstag habe ich dann gebügelt, mich um meine Eltern gekümmert und (je nach Jahreszeit) auch mich um den Garten gekümmert. Sonntag war ich kaputt und habe meist nur geschlafen. Montag früh um sechs Uhr ging es wieder zum Projekt.

Bei dem privaten Projekt „Wintergarten" war ich sehr auf die Hilfe meines Sohns und seiner Freundin angewiesen, die hier ordentlich anpacken mussten (Nochmals Danke für Eure Hilfe!). Anders hätte das gar nicht funktioniert.

Der idealtypische Plan des Wintergarten-Projekts hatte vorgesehen, dass wir damit im November fertig sein sollten. Eingeplant waren hier jede Menge Pufferzeiten. Aber wie das Schicksal so spielt, hat nichts, aber auch absolut gar nichts nach Plan funktioniert (Kennt ihr den Spruch „Wer Gott zum Lachen bringen möchte, erstellt einen Plan"?). Das heißt, das Projekt hat sich gezogen und gezogen. Der Knaller war aber der Schreiner (Der an sich großartige Arbeit geleistet hat!). ABER (und der Hintergrund zu dem ABER): Neben dem Wintergarten habe ich mein Geld ins gemeinsame Haus gesteckt und neben einem neuen Gartenhäuschen und sonstigen Kleinigkeiten im Haus die Dachflächenfenster austauschen lassen. Die Dachflächenfenster hatten Holzrahmen und froren dadurch im Winter regelmäßig zu, sodass wir in Bad, Büro und Flur nicht lüften konnten. Nachdem die Fenster ausgetauscht worden waren, haben wir festgestellt, dass alle Fenster verkratzt waren. Also mussten alle neuen Fenster wieder ausgetauscht werden. Als zweites war das Dach des Wintergartens dran. Hier wurden spezielle Schei-

ben angefertigt, die auch der Schneelast im Winter entgegen-
wirken konnte. Die wurden leider aufgrund eines Zahlendre-
hers des planenden Meisters zu schmal angefertigt. Also wieder
mal warten, bis die Scheiben neu angefertigt wurden. Zuletzt
wurden die großen, seitlichen Fenster in Form einer Schiebe-
Kipp-Tür eingebaut. Leider wurde hier eine Tür (warum auch
immer) genau verkehrt herum eingebaut. Wäre man so zur Tür
hinaus gegangen, wäre man direkt im Lichtschacht eines Fens-
ters unseres Sohnes und somit eine Etage tiefer gelandet. Also
mussten wir auch diese wieder ausbauen, eine neue Tür bestellen und die dann neu einbauen. Alles hat sich so weit gezogen,
dass an Heiligabend die letzten Fliesen verfugt und die letzte Wand gestrichen wurde (Hier auch wieder großen Dank an
meinen Sohn samt Freundin.), sodass wir zumindest an Weihnachten ein wenig Ruhe hatten. Das bedeutete aber auch, dass
wir völlig platt und fertig waren. An Silvester ging es uns allen
wieder etwas besser und wir haben gemeinsam das neue Jahr
in unserem Wintergarten begrüßt.

Das Trennungsjahr begann

Nachdem der Wintergarten nun fertig war, dachte ich: *Jetzt haben wir es geschafft!* Ich war so stolz darauf und liebte diesen Wintergarten über alles. Er war genauso, wie ich ihn mir vorgestellt hatte. Somit war ich in freudiger Stimmung und in großer Hoffnung, dass in diesem Jahr alles besser werden würde. Die Voraussetzungen waren so ideal wie schon lange nicht mehr: Mein Sohn war noch in Ausbildung, aber es sah so aus, als könnte er sie in verkürzter Form zu Ende bringen (was mich sehr stolz machte). Bei mir lief es so weit auch gut und ich wurde bei meinem Projekt wieder verlängert.

Kleiner Exkurs in die Arbeit als Freelancer: Als Freelancer wird man z. B. für bestimmte Aufgaben innerhalb eines Projektes gebucht. Die Höhe des Stundensatzes ist oftmals abhängig von dem jeweiligen Budget. In großen Unternehmen und meist auch Konzernen ist es aufgrund der Planung meist so, dass Freelancer alle drei Monate verlängert werden, sofern die Arbeitskraft benötigt wird. Für den Fall, dass das Projekt bald zu Ende ist, bereitet man sich vor, ein neu-

es Projekt zu bekommen. Hierzu werden dann die Profile aktualisiert und auch Vermittler über die Verfügbarkeit informiert.

Ich habe mich langsam darauf vorbereitet, ein neues Projekt zu bekommen, auf den Fall, dass ich nicht mehr verlängert werden würde, wollte ich gut vorbereitet sein. Der einzige Wermutstropfen war, dass mein Ex-Mann mal wieder gekündigt wurde und zerknirscht zu Hause rumhing. Nachdem er seinen Job angeblich aufgrund von wirtschaftlichen Maßnahmen verloren hatte, wollte er so schnell nicht wieder arbeiten gehen. Da es nicht die erste Arbeit war, die er verloren hatte (Er hat immer behauptet, dass er nicht daran schuld sei.), hatte ich trotzdem für seine Situation absolut Verständnis. So etwas muss man erst einmal verdauen. Bei mir würde das sehr am Selbstvertrauen kratzen, wobei das wie erwähnt bei ihm ja nicht zum ersten Mal passierte. Bei allem Verständnis war ich der Meinung, nach einem halben Jahr sollte man so weit wieder gefasst sein, zumindest neue berufliche Pläne zu schmieden und sich zu überlegen, was man machen möchte. Das war bei ihm leider nicht der Fall und hat mich auch von Tag zu Tag mehr besorgt. Er ließ sich komplett hängen und an eine Unterstützung im Haushalt, Garten etc. war gar nicht mehr zu denken. Es ging sogar in die komplett andere Richtung. Er hat mir immer mehr das Leben schwer gemacht. Ein kleines Beispiel dafür, wie er mir das Leben seit meiner Selbständigkeit als Freelancerin schwer machte, habe ich mit meiner Ankunft nach der ersten Woche bei dem Projekt schon beschrieben. Und das war leider erst der Anfang. Er ließ mich von Woche zu Woche mehr spüren, dass ICH für alles Negative und auch sein Versagen oder besser „nicht erreichen" in seinem Leben wie auch Jobs verantwortlich war. Hierzu zählte auch, dass er wegen MIR seinen Traum von dem eigenen Handwerksbetrieb aufgegeben hat. Er ergänzte dann weiter mit seinem neuen Lieblingsspruch: Wären wir (mein Sohn und ich) nicht da, wäre er schon längst Millionär!

Nachdem die Stimmung von Woche zu Woche zu Hause schlechter wurde, freute ich mich immer mehr auf mein Projekt. Das

Schöne an dem Projekt war, dass ich hier nicht allein, sondern auch mit einer lieben Freundin unterwegs war. Wir kannten uns von der Hochschule. Sie war zwar nicht im gleichen Projekt, aber für das gleiche Unternehmen tätig. Das war super! Wir wohnten unter der Woche im gleichen Haus, jedoch jede in ihrem eigenen Appartement. Das war einfach klasse! Wir haben uns abends zum Rauchen oder Essen getroffen und uns über den Tag ausgetauscht. Leider endete ihr Projekt schon sehr früh und ab dem Zeitpunkt war ich (mehr oder weniger) allein. Doch das Alleinsein machte mir plötzlich nichts mehr aus. Was mich jedoch sehr belastete war mein Gesundheitszustand und die Tatsache, dass meine Schwindelanfälle (Morbus Meniére) wieder zurückkamen. Das war die Hölle! Merkwürdig war dieses Mal jedoch, dass ich diese immer nur zu Hause bekam.

War ich zu Hause, habe ich versucht, nicht so viel vom Projekt zu erzählen und einfach meine Arbeiten zu erledigen. Das führte positiv dazu, dass sich die Wogen ein wenig beruhigten. Aber wirklich besser wurde es nicht. Um die Stimmung zu Hause wieder in die richtige Richtung zu bewegen, habe ich versucht, mit meinem Mann zu reden, ihm Mut zu machen und ihn bei den Bewerbungen unterstützt. Doch das alles half nicht wirklich. Seine Stimmung und auch sein Verhalten mir gegenüber wurden nicht besser.

Aufgrund dieser Stimmung zu Hause fand parallel etwas statt, was nicht geplant war. Ich lernte einen Kollegen aus dem Projekt kennen, den ich fachlich sehr schätzte und auch mochte. Wir kamen neben dem Projekt und gemeinsamen Treffen öfter ins Gespräch und hatten sogar die Idee, später mit einem anderen Kollegen etwas eigenes Berufliches auf die Beine zu stellen. Es stellte sich dann heraus, dass es diesem Kollegen gesundheitlich nicht gut ging und er an einem Burnout litt. Da ich auch schon einmal damit zu kämpfen hatte, haben wir uns öfter zum Essen verabredet und ich ihn bei seinem Kampf gegen sein Burnout ein wenig unterstützt.

Jetzt ging es richtig los

Da es zu Hause nicht besser wurde und mir von außen Gerüchte zugetragen wurden, die ich kaum glauben konnte (Hiermit ist eine Affäre meines Ex-Manns gemeint.), habe ich mich lieber auf mein Projekt konzentriert. Parallel dazu habe ich mich mit dem genannten Kollegen getroffen, zum einen um uns fachlich auszutauschen und zum anderen auch um ihn weiter zu unterstützen. Da blieb es auch nicht aus, dass wir uns auch privat unterhielten. Mich überraschte, dass ich von diesem Kollegen viele berufliche Komplimente bekam und ich so das erste Mal nach vielen Jahren das Gefühl hatte, eine intelligente und beruflich erfolgreiche Frau zu sein. Das hat so gutgetan.

Da ich so ein Gefühl seit Jahren oder eigentlich noch nie kannte, habe ich wohl die eine oder andere Situation von dem Kollegen fehlinterpretiert und ich dachte, er wäre tatsächlich nicht nur als Kollegin oder Unterstützung an mir interessiert. Aber das habe ich aus heutiger Perspektive deutlich überinterpretiert. Sein Interesse war nur fachlicher und unterstützender Natur. Nicht privat. Er selbst hatte große, private Probleme und diese wollte er in den Griff bekommen. Und um es immer und immer wieder zu sagen: Nein, da war nichts. Manchmal habe ich mir das gewünscht, da er ein toller Mann war. Aber ... da war nichts. Wir waren nur Freunde! Punkt. Wir haben gemeinsam eine Weiterbildung gemacht oder uns ab und zu zum Essen oder Kaffee getroffen. Er hat auch eine neue Partnerin, worüber ich mich sehr für ihn freue. Hierfür wünsche ich ihm vom Herzen alles Glück der Welt!

Doch bei mir zu Hause wurde es immer noch nicht besser. Nach wie vor fühlte ich mich bei meinem Projekt wohler, weshalb ich auch schon sonntags wieder in mein Appartement gefahren bin. Die Stimmung zu Hause war so unglaublich negativ und angespannt, dass es einfach keinen Spaß machte. Auch meinem Ex-Mann fiel dann auf, dass ich mich verändert hatte. Plötzlich versuchte er auf seine Art und Weise, mich zurückzuerobern.

Das fand ich unglaublich großartig. Aber ich musste mir eingestehen: Es waren einfach keine Gefühle mehr da! Kein kleines Gefühl. Einfach nichts.

Damit ich in diesem Moment nichts Falsches machen oder entscheiden würde, habe ich mich neben meinem Projekt auf meine Doktorarbeit gestürzt. Einfach alle Gefühle und Gedanken verdrängt. Mein Wunsch war, dass ich mir erst nach meiner erfolgreich bestandenen Promotion Gedanken machen würde, wie es weitergehen sollte.

Parallel kam jedoch noch ein weiteres Problem hinzu. Der Gesundheitszustand meiner Mutter verschlechterte sich plötzlich (Dazu später mehr.). Somit war ich nun auch in diesem Bereich plötzlich stark gefordert. Das Ergebnis des Jonglierens mehrerer Herausforderungen war, dass es mir selbst gesundheitlich immer schlechter ging. Irgendwie lief gerade alles, was ich anpackte, nicht optimal. Weder das Projekt noch meine Doktorarbeit noch die Betreuung meiner Mutter. Auch war die Stimmung zu Hause nach wieder schlechter, und, und, und. Ich hatte das Bedürfnis, etwas Grundlegendes zu ändern, und fasste auch den Entschluss, JETZT etwas zu ändern. **Gesagt, getan.**

Also habe ich beschlossen, in diesen turbulenten Zeiten das Rauchen aufzugeben. Aber nicht von heute auf morgen. Nein. Das hätte ich nie geschafft. Ich habe es geschafft, indem ich mich selbst überlistet habe. So habe ich erst die Nikotinsucht bekämpft, indem ich mit dem Dampfen angefangen habe. Hier hatte ich die Möglichkeit, die Dosierung des Nikotins langsam auf null zu senken. Als das geschafft war, musste ich die Gewohnheit mit dem Dampfen aufgeben. Irgendwann habe ich gar nicht mehr an meinen Dampfer gedacht und ihn irgendwo stehen lassen. Ich sag es gleich: Die ersten drei Wochen waren die Hölle und meine Stimmung glich der eines Berserkers! Deshalb kann ich nur raten, gar nicht erst mit dem Rauchen anzufangen! Damit ich nicht gleich an Gewicht zunehme, habe ich parallel mit regelmäßigem Sport angefangen. Na ja, Sport muss man das nicht unbedingt nennen. Ein bisschen fahren auf dem Ergometer, das ich mir gekauft hatte und spazieren gehen. Am Ende habe ich über 20 kg verloren.

Leider wurden die psychischen Belastungen nicht weniger. Meine betagten Eltern mussten aus dem Haus raus, das sie nach dem Verkauf ihres eigenen Hauses gemietet hatten. Eine riesige Herausforderung mit den vielen Sachen meiner Eltern, die beide leidenschaftliche Sammler waren. Zudem kam hinzu, dass es wegen des Umzugs meiner Eltern zu Streitereien mit meinen Schwestern kam, die mich vor die Wahl stellten: Entweder schlüge ich mich auf die Seite unserer Mutter oder auf ihre Seite. Ich weiß bis heute nicht, warum.

Mitte des Jahres eskalierte dann die Situation mit meinem Ex-Mann endgültig. Nachdem ich mich immer mehr veränderte, hat sich mein Ex-Mann immer mehr reingesteigert und bildete sich neuerdings ein, dass ich mit einem anderen Mann im Bett war. So ein Blödsinn! Sicherlich gebe ich zu, dass ich wie beschrieben den einen Kollegen großartig fand und vielleicht ein bisschen verliebt war. Aber außer einer Umarmung zur Begrüßung und Verabschiedung, wenn wir uns trafen, war da nichts. Aber alles Erklären und auch der Vorschlag nach einer Eheberatung halfen leider nicht. Egal, was ich sagte, es kam zur Antwort: Er wolle nichts über meine Bettgeschichten wissen. Irgendwann lagen bei mir die Nerven blank. Ich sagte dann auch, dass ich so nicht weiter machen wolle und die Trennung möchte. Daraufhin sprach er kein Wort mehr mit mir.

Ab diesem Zeitpunkt befanden wir uns in einem Schwebezustand und ich wusste nicht genau, wie es mit uns weitergeht. Akzeptierte er die Trennung? Gehen wir zur Eheberatung? Sind wir noch zusammen? Was war nun? Dieser Zustand brachte mich dazu, darüber nachzudenken, was passiert, wenn das Projekt zu Ende ist und ich wieder nach Hause muss. Wird dann alles wie vorher? Will ich wirklich in mein altes Leben zurück? Will ich das wirklich? Hat das hier eine Zukunft? Innerlich wehrte ich mich so wahnsinnig dagegen und machte immer mehr Sport. Manchmal denke ich so im Nachhinein, dass ich nicht nur auf dem Laufband oder Ergometer war, sondern auf der Flucht.

In meinem Kopf spielten sich zu dieser Zeit viele Szenarien ab. Ich wollte so gerne noch so vieles erleben, sehen und genießen. Bisher hatte ich nur für meine Familie, und Job gelebt. Wobei … kann man das „Leben" nennen? „Funktioniert" passt in diesem Zusammenhang besser. Geflüchtet habe ich mich zum Ausgleich in ein Studium, was wiederum eher beruflich ist. Wo sind Reisen, das Kennenlernen neuer Kulturen, Spaß und Freude? Habe ich nicht auch das Recht, etwas für mich zu machen? Wenn ich in mein altes Leben zurückkehre, dann heißt das: arbeiten, putzen, kochen, bügeln, schlafen. Tagein, tagaus! Sollte es das gewesen sein? Wo ist da das Leben? Wo sind da meine Träume und Wünsche?

Doch am Ende musste ich mir keine Gedanken mehr machen, was nach meinem Projekt sein würde: Nach einer gewissen Zeit forderte mein Ex-Mann klare Verhältnisse und hat mich aufgefordert, sofort zu gehen. Das hat mich erst einmal geschockt und für einen kurzen Moment war in mir Stille. Nichts. Einfach nur Stille. Doch im Nachhinein hat er mir im Grunde damit eine schwere Entscheidung abgenommen und ausgesprochen, was ich eigentlich auch wollte: Die endgültige Trennung! Ich habe dann auch meine Sachen gepackt und bin erst mal in mein Appartement beim Projekt gefahren.

Was jetzt?

Zwischenzeitlich habe ich auch meine Eltern über die Trennung informiert. Sie waren entsetzt. Später hatten sie (und vor allem meine Mutter) großes Verständnis für die Trennung. Auch haben sie mich irgendwann gefragt, warum ich so lange damit gewartet habe. Wir hätten schon wie zwei Rentner gelebt. Die besten Jahre hätte ich dadurch schon verloren. Dieser Tipp wäre allerdings Jahre vorher hilfreicher gewesen.

Neben dem Projekt habe ich mich auf die Suche nach einer Wohnung gemacht. Doch das war zu Beginn aussichtslos. Ich habe aufgrund meiner Selbstständigkeit leider keine Wohnung bekommen, da ich keinen Nachweis von einem Arbeitgeber über mein Einkommen geben konnte. Da der Wohnraum in der Gegend sehr knapp war, wurden somit Mitbewerber bevorzugt, die diesen Nachweis bringen konnten. Ich wusste also nicht wohin! Meine Verzweiflung habe ich dann auch meinen Eltern geschildert. Daraufhin meinte mein Stiefvater: „Wenn du schon keine Wohnung zur Miete bekommst, einen Kredit bekommst du bei deinem Einkommen bestimmt. Also kauf dir etwas!" **Gesagt, getan!** Also habe ich begonnen, alle meine Unterlagen für die Bank und meinen Berater fertigzumachen und im Zuge dessen auch alles mit meiner Steuerberaterin zu klären. Ich habe auch ein kleines, schnuckeliges Häuschen gefunden. Tatsächlich habe ich bei der Bank erst einmal nichts von den Verhältnissen zu Hause erzählt. Es musste auch nicht jeder wissen, dass meine Ehe auf der Kippe stand. Trotzdem war die Freigabe des Kredits etwas merkwürdig. Bei der Unterzeichnung war mein Bankberater etwas überrascht, als ich den Kreditvertrag allein und ohne die Zustimmung meines Ex-Mannes unterzeichnete, obwohl keinerlei Unterlagen oder ähnliches von ihm vorlagen oder ein gemeinsamer Kredit jemals von mir erwähnt wurde. Was sagt man dazu? Eine Frau, die ein Haus OHNE MANN kauft? Wo gibt's denn so was? Ich vermute, das war so nicht gemeint, sondern auf die Sicherheiten des Kredits bezogen. Schmunzeln musste ich trotzdem. Beim Notartermin zur Kaufvertragsunterzeichnung war ich sehr aufgeregt. Wer hätte das gedacht: Ich kaufe tatsächlich ein Haus. Allein! Das konnte ich selbst nicht fassen. Der Notar musste mir die Anspannung angesehen haben und meinte, dass ich ein Schnäppchen gemacht habe, ganz besonders in einer Gegend, in der viele Urlaub machen. Und ja ... da hatte er recht. Die alte Dame (Mein Haus) und ich passen einfach perfekt zusammen!

Eine weit höhere Priorität hatte neben meinem Hauskauf sowie Umzug die Trennung von meinem Ex-Mann. Ich kannte ihn seit meinem 15. Lebensjahr, also zu diesem Zeitpunkt ganz 34 Jahre. Mein innerster Wunsch war, die gemeinsamen Jahre nicht einfach so zu beenden, weshalb mein Ziel, eine freundschaftliche Trennung war. Das war mir sehr, sehr wichtig. Also habe ich immer wieder viel mit meinem Ex-Mann gesprochen und auch mit meinem Sohn. Anfangs schien es in die richtige Richtung zu laufen. Doch dann gab es Tage, da war es mit ihm nicht auszuhalten. Er redet dann nicht mehr mit mir oder unterstellte mir Dinge, die völlig an den Haaren herbeigezogen waren. So z. B. auch bei der Trennung des gemeinsamen Hausrates. An diesen Tagen steckte ich mir dann meine Kopfhörer in die Ohren und hörte Musik.

Exkurs Unterstellungen bei der Hausratteilung: *Wir haben darüber gesprochen, wer was aus dem gemeinsamen Haushalt bekommt. So hatten wir uns schon vor Längerem darauf geeinigt, dass er die Waschmaschine und ich den Wäschetrockner bekommen würden (Den habe ich auch bezahlt und ewig dafür recherchiert. Er hatte sich die letzten drei Jahre geweigert, mit mir einen neuen Wäschetrockner zu kaufen, obwohl er kaputt war.). Als ich das letzte Mal die Wäsche gewaschen hatte, war mir aufgefallen, dass die Waschmaschine ziemlich laut war, und habe ihn gefragt, seit wann das so wäre. Er meinte dann, dass ich das doch gewusst hätte, dass die Maschine kaputt und die Lager ausgeschlagen wären, daher bekäme er sie ja auch. Er bekäme nur alles, was kaputt wäre. Ich war sehr enttäuscht, denn ich hatte ihm mehr gelassen, als ich hätte müssen. Das bekomme ich auch jetzt noch von meinem Sohn und seiner Freundin zu hören. Aber der Knaller war die Teilung seines Werkzeugs. Es war besprochen, dass er die Hälfte der Küchenausstattung und ich dafür die Hälfte des Werkzeugs bekam (und er hatte richtig viel und teures Werkzeug). Ich hatte ihm mehr als nötig in der Küche gelassen. Die*

Folge war, dass ich in meinem neuen Haushalt weder scharfe Messer noch einen Schäler noch ausreichend Besteck noch eine Schere und, und, und hatte. Das musste ich alles kaufen! Doch nun zum Werkzeug: Von ihm habe ich einen kaputten Werkzeugkoffer (Wenn man den Deckel öffnete, fiel er ab.) mit einer Schweißerbrille, einer Wasserpumpenzange, einer kaputten Metallsäge, zwei Schraubenziehern und diverse Schrauben und Nägel bekommen. Noch nicht einmal ein Hammer war in diesem Werkzeugkasten! Von einer Bohrmaschine möchte ich noch nicht mal sprechen. Das hat mich sehr enttäuscht, dass er so mit Absprachen umging. Damit ich in meinem neuen Haus nach dem Einzug Bilder aufhängen konnte, hatte mir damals eine Kollegin aus dem Projekt einen Hammer vorbeigebracht. Vielen Dank dafür!

Da wir zum Zeitpunkt der Trennung das Haus verkaufen und er in eine Wohnung wollte, habe ich mir dann auch noch erlaubt, die Gartenmöbel, die übrigens auch ich gekauft hatte, samt großem Schirm meinem Sohn und seiner Freundin zu schenken. Sie hatten mich danach gefragt und da sie das gebrauchen konnten, gab ich ihnen die Gartenmöbel. Uh, ... das gab mächtig Ärger. Er hat mir unterstellt, ich würde SEINE Sachen einfach so verschenken.

Aber das alles war erst der Anfang. Jede Woche kam etwas Neues dazu. So auch, dass er unseren Freunden hanebüchene Geschichten über mich erzählte. Wenn ich sie dann auf der Straße traf, stellten sie seltsame Fragen. Ich hörte mit der Zeit dann gar nicht mehr hin und ging auch nicht mehr viel raus.

Immer noch war mein Ziel, dass wir uns im Guten trennen würden, so weit das eben noch möglich war. Deshalb habe ich mich nicht provozieren lassen und versuchte es immer und immer wieder mit Gesprächen. Als Ausgleich machte ich bis zu meinem Umzug weiter viel Sport.

Neustart in eine andere und auch ungewisse Zukunft

Nach meinem Umzug hatte ich viel Zeit, um nachzudenken. Natürlich auch über meine Trennung. Aus der heutigen Perspektive weit weg von meiner Familie und einige Jahre danach war diese Trennung nicht aufzuhalten. Egal, wie die Trennung am Ende gelaufen ist, sie wäre so oder so gekommen. Ich denke sogar, dass dies noch der beste Zeitpunkt war. Später wäre das viel stärker eskaliert, da wir uns sicherlich noch weiter voneinander entfernt hätten.

Trotzdem bin ich sehr darüber enttäuscht, WIE die Trennung am Ende ablief. Mein Ziel war es, in Freundschaft auseinanderzugehen. Auch, um ein Vorbild für unseren Sohn zu sein und auch die gemeinsamen Jahre nicht so wegzuwerfen. Doch das wollte mein Ex-Mann einfach nicht. Wie sich das äußerte, beschreibe ich noch in dem Abschnitt zur Scheidung. Doch jetzt denke ich, wird es Zeit für etwas Schönes. ☺

Meine alte Dame – mein kleines Fachwerkhäuschen

Das eine oder andere Mal habe ich von meinem Haus (Ich bezeichne es gerne als „alte Dame".) gesprochen. Tatsächlich ist mein Haus ein altes, kleines Fachwerkhäuschen. Es war Liebe auf den ersten Blick. Für mich ist das Haus etwas Besonderes. Mittlerweile ist es schon 243 Jahre alt. Unglaublich! Was dieses Haus alles erlebt und gesehen hat.

Als ich eingezogen bin, hatte das Haus eine kleine Nasszelle mit einer Dusche und Toilette (Das Waschbecken war außerhalb der Nasszelle.) und eine über 30 Jahre alte Küche. Das Nötigste war da, aber in keinem guten Zustand.

Gleich zu Beginn ging auch schon die Heizung im obersten Stock nicht mehr (Pumpe defekt). Das bedeutete, dass ich im Schlafzimmer 14 Grad hatte. Das war deutlich zu kalt, weshalb ich übergangsweise eine Matratze ins Wohnzimmer geschleppt und dort geschlafen habe. Doch dort war es auch nicht warm, zumindest wenn starker Wind ging. Denn dann sprangen die Fenster auf und es kam kalt rein. Ich habe zum Glück jede Menge Bücher. Die habe ich dann innen vor die Fenster gestellt. Dann war hier erst einmal Ruhe. Auch das Schlafen auf der Matratze war eher suboptimal und ich bekam nach schon nach drei Tagen starke Rückenschmerzen. Irgendwann habe ich einen Installateur finden können, der die kaputte Pumpe der Heizung zum Laufen brachte und damit auch die Heizung im oberen Stock wieder ging. Aber das war im Schlafzimmer nicht das einzige Problem. Leider bemerkte ich erst beim Einzug, dass direkt vor meinem Schlafzimmerfenster eine Straßenlaterne hing. Hier konnte ich nachts im Bett lesen, OHNE das Licht anzuschalten. Also kaufte ich zwei lichtdichte Rollos und brachte diese an. Erst jetzt war es möglich, das Schlafzimmer zu nutzen.

Da der Vorbesitzer den Kühlschrank aus der Küche mitgenommen hat, musste ich einen neuen bestellen. Dieser wurde leider an meine alte Adresse geliefert (Das war allerdings mein Fehler, denn ich hatte noch meine alte Wohnadresse als Lieferadresse angeklickt.). Mein Ex-Mann hat dann die Annahme verweigert und ich habe den Kühlschrank dann erneut bestellt. Bis der Kühlschrank kam, habe ich meine Lebensmittel einfach raus in den Hof gestellt. Die Außentemperaturen waren deutlich unter zehn Grad, weshalb das gut funktionierte.

Dann habe ich die Tapete im Wohnzimmer abgemacht und neu gestrichen. Da das alles nicht so einfach war und auf der Gipskartonwand viele Löcher zurückblieben, habe ich einen weißen Anstrich mit Raufaser gewählt. Eine riesige Sauerei beim Streichen, dafür sieht es jetzt aber ganz gut aus. Was ich nach dieser Aktion mit Fug und Recht behaupten kann: Ich kann einfach nicht streichen! Warum auch immer, aber es war mehr Farbe auf dem Teppich (und sonst wo) als auf der Wand.

Da ich kaum Möbel hatte (einen alten Melkschemel von meiner Mutter und meinen Bürostuhl sowie den Esszimmertisch des Vorbesitzers), kaufte ich über eine Flohmarkt-App ein paar Stühle für den Esstisch. So wurde es nach und nach immer wohnlicher.

Auch das Internet und somit Fernsehen ließen auf sich warten und alles zog sich sehr in die Länge. Bis heute habe ich leider große Probleme und hoffe, dass der Ausbau des Glasfaserkabels schnell vorankommt (Ich meine das ernst!).

Dann wurde endlich meine Waschmaschine angeschlossen, sodass ich hier nicht mehr auf die Hilfe anderer angewiesen war (Nochmals vielen Dank an die liebe Kollegin meiner großen Schwester, die in meiner Nähe wohnt.).

Dass es immer wohnlicher wurde, war gar nicht so einfach, vor allem mit fehlendem Werkzeug. Also kaufte ich mir auch hier eine passende Ausstattung.

Als ich eines Tages auf die Idee kam, die Fenster zu putzen, musste ich feststellen, dass das eine oder andere Fenster nur locker im Rahmen hing. Das hatte zur Folge, dass ich das Fenster beim Öffnen direkt in der Hand hatte und es erst einmal nicht mehr in den Rahmen bekam. Da war ich ziemlich geschockt. Aber selbst ist die Frau! Ich habe im Anschluss alle Fenster wieder selbst neu und fest eingesetzt (Bis auf eines, das geht bis heute nicht.).

Seitdem öffnen sich die Fenster auch nicht mehr bei Wind. Im Laufe der Zeit habe ich dann weitere Kleinigkeiten im Haus repariert oder eingebaut, wie z. B. eine Klobrille angebracht und zwei Katzenklappen montiert ... Und mir dabei regelmäßig in die Finger gesägt oder gestochen, draufgehauen usw.

Eine große Herausforderung war jedoch mein erstes Weihnachtsfest allein im Haus. Nicht nur psychisch, sondern irgendwie auch physisch war ich am Rande meiner Belastungsgrenze. Das kam daher, dass es zu weiteren herausfordernden Ereignissen im Haus kam. Ausgelöst wurden diese, da es am ersten Weihnachtsfeiertag sehr stark regnete. Als ich morgens aufstand, stand das Wasser in der Dusche bis zum oberen Rand und es stieg weiter und weiter. Also musste ich schnell das Wasser aus der Dusche nach draußen bringen. Ein Wettlauf gegen das Wetter. Glücklicherweise hat es dann nach einer Zeit aufgehört zu regnen und ich konnte das restliche Wasser in Ruhe aus dem Haus bringen. Nach langem Suchen nach einer Firma mit Notdienst an Feiertagen habe ich dann ein Unternehmen gefunden und beauftragt, den Abfluss wieder freizustoßen. Da ich über 20 Meter alten Kanal habe (noch aus Keramik), ist das nicht so einfach. Die Firma kam zuverlässig, kostete mich allerdings sehr viel Geld. In den nächsten Wochen liefen das Wasser und Abwasser erst mal wieder einwandfrei ab. Doch das hielt nicht lange an. Denn zwei Wochen später kam das Wasser plötzlich wieder in der Dusche hoch. Dieses Mal dachte ich, ich schaffe das allein und holte meinen Pümpel. Das war sehr anstrengend. Aber ich gab alles und plötzlich lief das stinkende Wasser ab. Sturzbachartig! Mit dem Erfolg, dass es wie eine Fontäne aus der Toilette bis an die Decke wieder hochkam. Nachdem ich mich dann nach diesem Anblick wieder gefangen hatte, rief ich wieder bei der gleichen Firma an. Was ich jedoch nicht sah, war, dass durch meinen Pümpeleinsatz so ein Druck auf der Abwasserleitung war, dass das Abwasser durch kleine Ritzen im Heizungskeller rauslief. Das roch nicht gut und bereitete mir große Sorgen. Doch die Firma hat alles wieder in Ordnung gebracht. Seit diesem Durchstoßen der Rohre ist Ruhe.

Zwischenzeitlich hatte ich auch eine Firma gefunden, die mir ein „richtiges" Bad in zwei Zimmer im ersten Stock einbauen konnte. Gar nicht so einfach, da hier zwei Räume zusammengelegt sowie alle Installationen neu gelegt werden mussten. Doch dieser Badumbau zog sich ewig, da die Firma mich während der Fertigstellung erpressen wollte. Das heißt, ich sollte einen Vertrag zur Sanierung der gesamten Hausinstallation sowie Heizung unterschreiben, angeblich hätte ich ihnen das versprochen. Da das nicht der Fall war, landete alles beim Rechtsanwalt. Irgendwann wurde das Bad unter Aufsicht eines vom Gericht beauftragten Gutachters fertiggestellt. Doch die Baumaßnahmen gingen weiter. Zwischenzeitlich habe ich auch mein Büro fertig sanieren lassen. Dies war beim Kauf in einer Art „Rohbauzustand". Der Vorbesitzer wollte hier eine neue Küche einbauen. Da diese Baustelle auch der hiesige Denkmalpfleger gesehen hatte, musste ich diese nach den Anforderungen eines Denkmals instand setzen, was mir auch recht ist. Ich möchte dieses Gebäude, solange es mir gehört, gut und auch richtig behandeln. Als der Denkmalpfleger wollte, dass ich Deckenmalereien von einem Restaurator wieder herstellen lasse, musste ich leider passen. Das hätte ich niemals bezahlen können und stritt mich daher sehr laut mit ihm. Wir einigten uns darauf, die Deckenmalereien zu schützen, damit sie erhalten bleiben. Die Sanierung meines Büros hat mich Unmengen von Geld gekostet, die leider so nicht geplant waren.

Weiter ging es dann mit dem Küchenumbau. Hier nutzte ich die Chance, auch gleich die Elektrik in Angriff zu nehmen. Ich hatte bis dahin keinen FI-Schalter und irgendeine Kupferspirale war offen in dem Kasten zu sehen und in Betrieb. Ich hatte keine Ahnung, welche Funktion das Ding hatte. Ich habe mir nur sagen lassen, dass das lebensgefährlich wäre. Also musste das da weg. Zeitnah! So, und jetzt wird es kompliziert: Die Küche wurde in den Raum verlegt, in dem vorher das Bad (oder die Nasszelle) war, und in den Raum der ehemaligen Küche das Gäste-WC sowie der Hauswirtschaftsraum. Da das Bad aufgrund des Rechtsstreits nicht fertiggestellt war, hatte ich plötzlich keine sanitären Anlagen mehr. Denn das Einzige, was ich noch hatte, war eine einsame Toilette mitten in einer Baustelle sowie eine unvollständige Wasserleitung, an der ich den alten Duschkopf provisorisch befestigte. Das war sechs Wochen lang sehr abenteuerlich. Danke an dieser Stelle auch nochmals an die Kollegin meiner großen Schwester. Ab und zu konnte ich bei ihr duschen gehen. Ansonsten war eine Art „Katzenwäsche" angesagt. Aber was soll ich sagen, … es war abenteuerlich und ging auch!

Nachdem dann das wichtigste knapp ein Jahr später fertiggestellt war (passend zu meinem 50sten Geburtstag), kamen bis heute nur noch Kleinigkeiten hinzu und als letzte große Investition eine neue Heizung sowie der Anschluss eines Holzofens in der Küche.

Leider fehlt immer noch die Sanierung des Daches und der Fassade (Hier bin ich dran.). Hier muss ich sehen, was die nächsten Jahre bringen, da mir einfach gesagt die finanziellen Mittel ausgegangen sind.

Mein Promotionsverfahren

Meine Doktorarbeit. Das hat sehr viel meiner Zeit in Anspruch genommen. Doch ich habe es geschafft. Nachdem ich meine Dissertation mit knapp 300 Seiten nach meinem Umzug eingereicht hatte, diese dann geprüft wurde sowie auch ausgelegt war, wurde mir mitgeteilt, dass ich einen Disputationstermin (also der Termin zur mündlichen Prüfung) mit meinen Doktorvätern (Denen ich hier beiden danken möchte.) besprechen konnte. Ich hatte die Hoffnung, bestanden zu haben. Nicht mit einer Spitzenleistung, aber auch nicht schlecht. Mein Disputationstermin ließ während der Coronazeit auf sich warten. Da einer meiner Doktorväter sich per Skype (Oder ein anderes Tool? Ich weiß es ehrlich gesagt nicht mehr.) zuschalten wollte, musste das erst geprüft werden. Das zog und zog sich. Doch dann im Sommer war es so weit.

Ich fuhr allein zur Uni. Ich war fürchterlich nervös! Aber alles Arbeiten und Warten hatten sich gelohnt. Insgesamt hatte ich vier Jahre in diese Dissertation gesteckt und ... es geschafft! Dass ich das geschafft habe, finde ich auch beim Schreiben hier immer noch unglaublich. Frau Doktor. Ich bin tatsächlich eine Frau Doktor! Als ich mich am nächsten Morgen damit im Spiegel angesprochen habe, musste ich herzhaft lachen! Aber es hat so gutgetan.

Meine große Schwester kam auf die Idee, dass ich unserem leiblichen Vater doch ein Exemplar meiner Doktorarbeit schicken könnte. Er wäre immer so leistungsbezogen gewesen und würde sich bestimmt freuen. Also habe ich ihm ein Exemplar gesendet. Nicht so erfreulich war die Rückmeldung. Er hat mir die Arbeit postwendend zurückgeschickt mit den Worten (sinngemäß), dass ich die Arbeit jemandem schicken sollte, den das auch interessierte. Ich wollte bestimmt nur Geld von ihm, aber das würden ich und auch meine Schwestern nicht bekommen. Puh, ... das war auch aufgrund des bevorstehenden zweiten Weihnachtsfests allein nicht ganz so schön und ich habe dementsprechend auch einen Brief zurückgeschickt. Es machte mich trotzdem traurig.

Die berufliche Entwicklung

Als ich umgezogen bin, wurde mein Projekt leider nicht mehr verlängert. Ich hatte sehr gehofft, dass es weitergehen würde. Tja, dem war leider nicht so. Auf der einen Seite war ich sehr traurig, da ich keine Einnahmen mehr hatte und meine Projektkollegen sehr vermisst habe. Auf der anderen Seite hatte ich mit meiner Promotion und meinem Haus ausreichend zu tun. Natürlich habe ich nebenbei auch Bewerbungen geschrieben und mich parallel für Projekte beworben. Doch beides war leider erfolglos. Dann kam auch noch Corona und ich wusste überhaupt nicht, was ich machen sollte. Hier bekam ich es zum ersten Mal nach meiner Trennung auch mit Existenzängsten zu tun. Denn mir war klar: Das Erste, was Unternehmen im Zusammenhang mit Corona und der ungewissen Zukunft streichen (und auch gestrichen hatten), waren Projekt im HR-Bereich. Zudem war das, was ich angeboten habe (und nach wie vor anbiete), nicht so stark gesucht, da es (manchmal noch bis heute) noch nicht bekannt sowie üblich war, auch hier Freelancer einzusetzen.

Also war ich seit dem Umzug plötzlich ohne Job, ohne Familie und coronabedingt dazu verdammt, zu Hause zu bleiben. Die Situation, allein auf mich gestellt mit einem Hauskredit und ohne Einkommen zu sein, machte mir mächtig Angst. Und das alles kurz vor Weihnachten. Um gegen all diese negativen Gefühle anzukämpfen, bin ich sehr viel spazieren gegangen. Jeden Tag bin ich mehrmals am Tag raus an die Luft und in die Natur. Das war Balsam für die Seele.

Exkurs Jobsuche mit der Agentur für Arbeit: *Als ich mich dort gemeldet hatte und dann einen Termin bekam, beschrieb ich anfangs meine Situation als Selbstständige und Freelancerin. Da ich als Selbstständige keinerlei Ansprüche habe, wurde mir geraten, einfach mal Urlaub zu machen. Jetzt würde erst einmal nichts passieren. Natürlich sollte ich mich auf passende Angebote bewerben, was ich auch machte. Das eine oder andere Mal hatte ich auch ein Bewerbungsgespräch, wurde aber bei der weiteren Auswahl nicht weiter berücksichtigt. Im Grunde nicht hilfreich.*

Doch wusste ich, dass es so nicht lange weitergehen konnte. Schon gar nicht vor dem Hintergrund, dass mein Ex-Mann den Verkauf sowie die damit verbundene Zahlung des Geldes des Hauses verzögerte. Somit musste ich irgendwas finden, das Geld brachte. **Gesagt, getan.** Also machte ich mich auf die Suche. Im Internet wurde ich dann fündig und habe zufällig ein Online-Institut gefunden, bei dem ich als Online-Dozentin anfangen konnte. Leider war die Bezahlung sehr schlecht, aber es war ein Anfang und es kam wieder Geld rein. Auch wenn ich keine großen Sprünge machen konnte, so konnte ich zumindest wieder ein bisschen arbeiten, bekam eine gewisse Struktur, etwas für den Kopf zu tun und etwas Balsam für mein Selbstvertrauen. Was mich in dem Zusammenhang mit diesem Online-Institut gefreut hat, war, dass ich (wenn auch nur telefonisch oder online) viele Menschen kennengelernt habe. Nach meiner Einschätzung arbeiten dort besondere Menschen. Ich habe selten so offene und herzliche Menschen kennenlernen dürfen. Das tat mir sehr gut! Vor allem, wenn sie sich bei mir bedanken, mit „… dir auch ein herzliches Dankeschön für das interessante Gespräch, du bist eine außergewöhnliche Persönlichkeit und es hat mir sehr viel Spaß gemacht, mich mit dir auszutauschen."

Doch bin ich nicht bei dem Job als Online-Dozentin stehen geblieben und habe mich parallel bei einem Partnerunternehmen eingebracht (wenn auch unentgeltlich). Bei diesem Partnerunternehmen war ich seit dem ersten, langen Projekt als Partnerin eingebunden. Während Corona gab es innerhalb dieses Partnerunternehmens mehrere Initiativen. So habe ich bei einer Initiative zum Mittelstand und dort zum Thema „Krisenzeiten" parallel drei Teams geführt (Kommunikation in Krisenzeiten, Training und Coaching sowie Führung von virtuellen Teams und IT Digital Workplace). Ein Team unterstützte ich auch noch fachlich (HR). Das hat mir viel Spaß gemacht und ich habe auch viel dabei gelernt.

Mit der Zeit habe ich dann hier und da mal ein kleines Projekt bekommen. Ich machte mir schon keine großen Hoffnungen mehr, wieder so ein großartiges Projekt wie das erste zu bekommen. Doch plötzlich meldete sich ein Vermittler mit einer spannenden Projektanfrage. Das Projekt war finanziell meine Rettung! Doch dann kamen mir Zweifel und ich habe überlegt, ob ich es überhaupt annehmen sollte. Denn im Grunde wusste ich ja nicht, wie es mit dem Hausverkauf und auch der Scheidung weitergehen würde. Würde ich das Projekt annehmen, liefe ich Gefahr, dass ich nun zu viel verdienen würde und dann vielleicht an meinen Ex-Mann Unterhalt zahlen müsste. Würde ich das Projekt nicht annehmen, hätte ich in meinem Profil eine zu große Lücke, die ich ständig hätte erklären müssen. Am Ende entschied ich mich, dass Projekt anzunehmen, denn ich wollte wieder richtig arbeiten. Auch wenn es mir im Nachhinein finanziell und bei der Scheidung geschadet hat, war es für mich die richtige Entscheidung. Denn in diesem Projekt habe ich sehr viel gelernt, was ich jetzt für weitere Projekte nutzen kann.

Dass es die richtige Entscheidung war, das Projekt anzunehmen, zeigt sich auch daran, dass ich seit diesem Zeitpunkt immer wieder Anfragen und Projekte bekomme. Selbst wenn ich immer denke, ich bekomme kein Projekt mehr (Ich denke, das ist eine Eigenart von Selbständigen.), meist kommt dann doch die eine oder andere Anfrage.

Exkurs zur Arbeit als Freelancer: *Selbstständig als Freelancerin zu arbeiten, muss man mögen. Ich möchte definitiv nichts anderes machen! Keine Frage. Doch einfach ist es nicht. So steht man immer mit einem Fuß ohne Projekt da, selbst wenn man in einem ist. Denn so sind die Verträge nun mal „gestrickt". Braucht man mich, werde ich gut bezahlt; braucht man mich plötzlich nicht mehr, bin ich raus. Zudem hatte ich auch schon Vermittler (Hier gibt es große Unternehmen, die nichts anderes machen, als Freelancer an Unternehmen zu vermitteln und dafür einen prozentualen Betrag von meinem Geld erhalten.), wegen denen ich ein Jahr auf mein Geld gewartet habe oder ich im Nachhinein erfahren habe, dass sie den Kunden nicht richtig abgerechnet haben usw. Zudem gibt es Kunden, da wird man als externe Mitarbeiterin gut integriert und kann seinen Job gut machen. Bei anderen wird man als Mitarbeiter zweiter Klasse behandelt, bekommt nur begrenzt Infos, sodass man oftmals Aufgaben doppelt oder dreifach machen muss. Das sind die nicht so schönen Seiten, die mir zumindest immer schwer zu schaffen machen.*

Meine Scheidung

Nach meinem Umzug war die Stimmung bei meinem Ex-Mann ziemlich im Keller. Einiges habe ich dazu schon erwähnt. Es war manchmal sehr schwierig und für mich auch sehr traurig, was er so von sich gegeben hat. So ließ er auch keine Gelegenheit aus, mich zu beleidigen. Dabei hatte ich mir so gewünscht, dass wir das wie zwei Erwachsene regeln könnten. Gerne hätte ich irgendwas unternommen, um die Wogen zu glätten. Doch was mein Ex-Mann immer wieder von mir forderte, war einfach zu weit weg von meiner Realität.

Exkurs Forderungen nach dem Umzug: So wollte mein Ex-Mann gleich direkt nach meinem Auszug, dass ich meinen Pflichten hinsichtlich unseres Hauses nachkomme und es weiterhin putze, wie auch den Garten pflege. Ich dachte tatsächlich, ich höre nicht richtig. Dazu muss ich nochmals kurz ergänzen, dass ich nach meinem Umzug 380 km entfernt von ihm wohnte. Aber wie ich so bin: Als ich meine drei Katzen holte (Er wollte sie ins Tierheim geben, das habe ich nicht übers Herz gebracht.), habe ich dann tatsächlich das Haus geputzt und den Vorgarten in Ordnung gebracht. Zumindest so weit, wie es die kurze Zeit meines Besuches zugelassen hatte. Das heißt, ich habe die Küche von außen geputzt, im ganzen Haus gestaubsaugt (Ich habe, glaube ich, ein Zimmer vergessen.) und den Vorgarten von Laub gereinigt. Leider war der Wind sehr stark, sodass ich nicht richtig fegen konnte. Sonst hätte ich das auch noch gemacht. Das war das letzte Mal, dass ich in unserem Haus war. Danach hat er einfach die Schlösser ausgetauscht. Das hatte zur Folge, dass auch unser Sohn nicht mehr in das Haus kam. Dass das nicht rechtens war, interessierte ihn nicht, und ich ergänze das hier auch nur der Vollständigkeit halber.

Zusätzlich zu meiner Putzaufgabe wollte mein Ex-Mann von mir, dass ich Heizöl für ihn bestelle, da keines mehr da war. Am Telefon habe ich ihn dann darauf hingewiesen, dass ich nicht mehr in dem Haus wohnte und auch unser Sohn sowie seine Freundin an dem Tag des

Anrufes (oder einen Tag später) ausgezogen wären. Somit musste er für sich selbst Heizöl kaufen.

Der Hausverkauf gestaltete sich ein wenig schwierig. Zwischenzeitlich hatten wir einen Käufer, der ein horrendes Geld für das Haus zahlen wollte. Doch plötzlich hat sich mein Mann nicht mehr bei der Maklerin gemeldet und war vom Erdboden verschwunden. Die Maklerin war auch sehr besorgt, da es keinerlei Anzeichen mehr gab, dass in dem Haus noch jemand wohnte. Zum Schluss stellte sich heraus, dass er das Haus nun behalten und mich ausbezahlen wollte. Zudem antwortete er zu meinen Nachfragen zu Infos für die Maklerin und auch, wie es ihm ging, mit folgenden Worten: „Mir geht's gut. Wer nicht bei mir bleiben will, kann gehen. Wer mir nicht guttut, kann gehen. Wer mich für dumm verkauft, kann erst recht gehen. Geschäftlich für den Hausverkauf können wir reden, privat möchte ich keinen Kontakt mehr. Vielen Dank! […]" Ich habe das akzeptiert und ihm alles Gute, viel Gesundheit und auch Erfolg bei allem, was er gerade tat, gewünscht. Das war es also! Als ich den Screenshot zu diesem letzten Chat jetzt nach 3,5 Jahren wieder gesehen habe, musste ich fürchterlich weinen. Ich war unendlich traurig darüber, dass ich es nicht geschafft habe, eine freundschaftliche Trennung hinzubekommen. Das wäre mir besonders für unseren Sohn und auch meine Familie wichtig gewesen. Aber so musste ich mich mit der Entscheidung meines Ex-Manns abfinden.

Dann ging es in Richtung Notarvertrag. Doch das war für mich eine große Herausforderung. Ich hatte den Eindruck, mein Ex-Mann schien mich für ein wenig blöd zu halten. So musste ich leider fast täglich nachfragen, wann er einen Termin beim Notar machen würde. Er hat das mal dezent in Länge gezogen. Dann hat er endlich einen Termin vereinbart. Doch was mich an dem ganzen Prozedere des Hausanteilverkaufs etwas stutzig gemacht hat, war, dass ich noch nicht einmal eine Woche vor dem Notartermin einen Entwurf für den Notarvertrag erhalten habe. Das kenne ich so eigentlich nicht und fand es daher etwas seltsam. Nach ewigem Hin und Her mit meinem Ex-Mann habe ich selbst beim Notariat angerufen. Die Antwort der dortigen Mitarbeiterin war, dass sie den Termin vergessen haben und sie daher den Vertrag nicht als Entwurf fertigmachen konnten. Ich habe sie dann gebeten, den Vertragsentwurf JETZT zu machen. Doch das wollte sie nicht, da die zuständige Mitarbeiterin leider nur eine Teilzeitkraft war. Da bin ich dann doch ein wenig ungehalten geworden, denn mir war das Teilzeitarbeitsverhältnis der Kollegin ziemlich egal, weshalb ich weiter auf einen Vertragsentwurf bestanden habe. Auch um ausreichend Zeit zu haben, diesen vorab lesen zu können sowie auch meiner Rechtsanwältin weiterzuleiten. Nach langem Hin und Her kam dann endlich der Entwurf ... und ich bin aus allen Wolken gefallen! Plötzlich hieß der Kaufvertrag Trennungsfolgevereinbarung. Das war so nie besprochen worden. Dann waren die Personen auf dem Deckblatt vertauscht, sodass ich auf einmal die Rechte am Haus von meinem Ex-Mann kaufen wollte. Weiter war in diesem Dokument die Rede davon, dass ich alle Rechte an dem Haus abgeben sollte, auch wenn mein Ex-Mann z. B. den Kaufpreis nicht bezahlen würde. Usw. Usw. Während meine Rechtsanwältin nach ihrem Urlaub den Vertrag durchlas, war ich schon auf der Autobahn zur Vertragsunterzeichnung. Sie meinte, dass ich sofort umdrehen, nach Hause fahren und einen neuen Vertrag aufsetzen lassen sollte! Der aktuelle Entwurf wäre von vorne bis hinten fehlerhaft und eine Frechheit! Da ich das nicht wollte und auch auf das Geld aus dem Hausanteilsverkauf angewiesen war, hat sie mir dann während der Fahrt durchgegeben, was geändert werden muss. Ich bin trotz des Rats meiner Rechtsanwältin zum Notartermin gefahren, habe beim Notar direkt auf die Änderungen meiner Anwältin bestanden, diese gleich in den Notarvertrag einarbeiten lassen und ihn dann letztendlich mit den gewünschten Änderungen unterschrieben. Während der Wartezeit auf den Notar klingelte das Handy meines Ex-Manns. Es war sein Bankberater, der so verärgert über die Art und Weise meines Ex-Manns war, dass er ihm am Telefon mitteilte, dass er den Kreditvertrag nicht freigeben wollte. Ich habe dann das Gespräch übernommen und den Bankberater meines Ex-Manns davon überzeugen können, den Kredit freizugeben.

Am Ende dieser Notargeschichte hat der Notar dann auch noch ohne Begründung das Schreiben vom Grundbuchamt drei Wochen liegen lassen, was bedeutete, dass ich mein Geld mit deutlicher Verspätung bekam. Ohne Worte!

Doch auch die Trennung und was alles ans Licht kam, wurde immer schlimmer. So hatte mein Ex-Mann ein Bankschließfach. Hierzu hatte auch nur er Zugang. Als wir vor langer Zeit mal für länger weggefahren sind, fanden wir es sinnvoll, unsere Wertgegenstände in ein Bankschließfach zu geben. Ich wusste mit Sicherheit auch nach dieser langen Zeit von drei meiner Wertgegenstände, die sich in dem Schließfach befinden mussten: Meine Uhr, die ich mir zum Abschluss der Meisterprüfung selbst gekauft hatte, Rubinschmuck, den ich von meinem Ex-Mann geschenkt bekommen hatte (Armband, Ring, Anhänger und Kette) sowie eine Goldmünze von meiner Mutter zur Geburt und für unseren Sohn. Nun ja, was soll ich sagen: Auf der Registerkarte der Bank (jeder Besuch, jeder Besucher und der Bankangestellte, der den Besucher begleitet) war fünfmal mein Ex-Mann registriert. Das letzte Mal im Jahr 2000. Nachdem mein Ex-Mann ja immer gesagt hatte, er habe den Schlüssel bei den vielen Umzügen verloren, war er bis dahin aber ziemlich oft am Schließfach. Nun gut ... kurz erzählt: Meine Uhr sowie das Armband und die Kette waren nicht mehr in dem Bankschließfach. Mein Ex-Mann meinte, ich habe die wohl verlegt. Nachdem ich keine Liste von den Dingen im Schließfach hatte, konnte ich nicht beweisen, dass die Dinge da drin waren. Ich war fassungslos und unendlich traurig. Was mir dann jedoch auf der Heimfahrt eingefallen ist, war die Tatsache, dass mein Ex-Mann zur Zeit des letzten Besuchs beim Schließfach am Flughafen beschäftigt war und viele Doppelschichten gearbeitet hatte. Er war kaum zu Hause. Ob beides in einem kausalen Zusammenhang steht, kann ich leider nicht bestätigen noch verwerfen.

Doch das alles war noch harmlos im Vergleich zu dem, was alles passierte, nachdem ich im Anschluss an die Erinnerung meiner Rechtsanwältin zum Ende des Trennungsjahrs die Scheidung eingereicht hatte. Dann ging es erst richtig los …

Plötzlich bekam ich ein Schreiben, dass mich mein Ex-Mann auf unbegrenzten, nachehelichen Unterhalt verklagte. Hierzu muss ich sagen, dass ich genau das auf mehrmaliges Anraten meiner Rechtsanwältin NICHT gemacht habe. Ich wollte eine freundschaftliche Trennung, keinen Rosenkrieg. Doch das war nun die teuerste und eine der traumatischsten Erfahrungen: Für meinen Ex-Mann gab es die vergangenen Jahre nicht mehr. Er wollte Krieg! Das schmerzt mich nach wie vor. Wenn ich heute noch darüber nachdenke, bin ich sprachlos und kann nur entsetzt mit dem Kopf schütteln.

Was in den nächsten Monaten in den Briefen seiner Rechtsanwältin stand, machte mich immer wieder sprach- und fassungslos. Zudem musste nur ich meinen gesamten Finanzen offenlegen. Mit dem Offenlegen hatte ich auch nicht das Problem, ich hatte nichts zu verbergen. Es wäre nur fair gewesen, wenn auch er das hätte machen müssen. In jedem Brief wurde etwas Neues und meist auch völlig Absurdes in kurzer Zeit gefordert. Ohne meine Steuerberaterin, die das eine oder andere sogar dann am Wochenende für mich machte, hätte ich das alles nicht geschafft. Hier bin ich ihr nach wie vor sehr dankbar!

An die nervliche Substanz gingen mir die dauernden Rechtsanwaltsbriefe voll mit abstrusen Forderungen und Anschuldigungen, die ich einfach nicht begreifen konnte. So musste ich lesen, dass ich immer nur an meine Karriere gedacht, er sich für die Familie aufgeopfert, sich immer hintangestellt hätte und, und, und. Das hat mich sprachlos gemacht. Das Einzige, was er tatsächlich machen musste, war einkaufen gehen und die Mülltonnen pünktlich rausstellen. Alles andere lag bei mir! Er war nie in der Schule unseres Sohnes oder hat mit einem Lehrer ge-

sprochen. Er war ein einziges Mal mit bei Kinder- und Jugend-
psychologen (Und das nur, weil der Psychologe darauf bestanden hatte.) und, und, und.

Auch haben mir seine erfundenen Anschuldigungen beruflich
deutlich geschadet, da er permanent und immer wieder in seltsamen Variationen behauptet hat, dass ich bei Projektkunden
fest angestellt wäre, wie auch bei einem Partnernetzwerk und
auch irgendwelche Abfindungen erhalten hätte. Er wusste ganz
genau, was ich machte und dass das alles nicht stimmte und nicht
stimmen konnte. Das hätte für mich beruflich schwere Konsequenzen haben sowie mich auch meine Existenz kosten können.

Ich vermute, es ist gut nachvollziehbar, dass mich diese Zeit
sehr belastet und auch angestrengt hat. Zudem habe ich so
meine Zweifel an dem Rechtssystem bekommen. Es war völlig egal, was mein Ex-Mann an finanziellen Mitteln hatte und
dass er eine riesige Erbschaft in voraussichtlich siebenstelli-
ger Höhe erwartet. Er wurde im Laufe des Scheidungsverfah-
rens mehrfach darauf hingewiesen, dass er auch die Wahrheit
sagen müsste, und dennoch hatte er bei allen Behauptungen
bewusst gelogen und sich als arm dargestellt, obwohl er das
weder ist noch war. Nun, ich habe mich dann auf eine Unter-
haltssumme geeinigt. Verdient hat er sie nicht. Mir war es jedoch wichtig, diesen Scheidungsprozess abzuschließen und ihn
hinter mir zu lassen.

Glücklicherweise hatte das Ganze dann nach einem Jahr ein
Ende und wir wurden geschieden. Bei der Scheidung selbst, die ja
zeitlich nicht lange dauert, hat er ein letztes Statement gesetzt.
Als das Urteil gesprochen wurde, hat er sich mir demonstrativ
NICHT gegenübergesetzt, sondern ans Kopfende des Tisches,
sodass er die Richterin und nicht mich sehen konnte. Zudem
hat er mir dann beim Rausgehen aus dem Verhandlungsraum
die Tür vor der Nase zugezogen. Daraufhin meinte die Richterin: „Das ist doch mal ein gelungener Abschluss!"

Wenn Sie denken, er hat das Geld von mir aus der Unterhalts-
zahlung für seinen Lebensunterhalt eingesetzt, dann muss ich
Sie enttäuschen. Er hat sich davon ein Harley-Davidson-Motor-
rad gekauft. Geld hat er ausreichend genug auf seinem Konto
und das im sechsstelligen Bereich. Woher das Geld kommt, lässt
sich nur vermuten. Jedoch konnte ich diese Tatsache auch aufgrund eines Bankfehlers sehen und dadurch einen Blick auf sein
Konto werfen (Was ich umgehend der Bank gemeldet habe.). Er
hatte vergessen, mir die Vollmacht für sein Konto zu entziehen.

Zuletzt haben wir uns auf der Beerdigung meiner Mutter gesehen. Ich muss gestehen, dass ich ihn zuerst nicht erkannt habe.
Er war ungesund dick geworden, hatte eine gerötete Haut, sah
ungepflegt aus. Dieser Mann hatte absolut nichts mehr mit dem
Mann gemein, mit dem ich Jahrzehnte mein Leben geteilt hatte.

Der Abschied und Tod meiner Mutter

Meine Eltern waren lange Zeit immer noch sehr traurig, dass
ich nicht mehr da war. Meine Mutter weinte nach wie vor sehr
viel am Telefon. Wir haben früher schon immer jeden Tag mindestens einmal telefoniert. Seitdem ich weggezogen bin, haben wir sogar noch öfter telefoniert. Doch dass meine Mutter
weinte, ging mir sehr nahe und meistens weinte ich mit ihr gemeinsam. Leider habe ich zum Rest meiner Familie nicht mehr
viel Kontakt, weshalb ich nicht weiß, was sie über meine Trennung dachten.

Wie schon mehrfach erwähnt, war meine Mutter schwer er-
krankt. Gleich zu Beginn sollte ich wohl sagen, dass meine Mutter eine sehr starke Raucherin war, und das seit ihrer Jugend.
Hier war sie auch unbelehrbar. Wie auch, dass sie nie zu irgend-
welchen Vorsorgeuntersuchungen ging. Ich kann mich ehrlich
gesagt kaum erinnern, ob meine Mutter überhaupt einmal krank
oder beim Arzt war.

Der gesamte Krankheitsverlauf begann nach ihrem 70sten Geburtstag. Eines Abends wurde sie bewusstlos und mein Vater verständigte den Notarzt. Im Krankenhaus wurde dann Diabetes sowie auch Gebärmutterhalskrebs diagnostiziert. Das Krebsgeschwür hatte die Größe einer Erbse und wurde damit noch einigermaßen frühzeitig erkannt. Meine Mutter kam zur Behandlung ins Krankenhaus und dort erhielt sie dann eine hohe Anzahl an Bestrahlungen. Seit diesem Zeitpunkt kam sie nicht mehr auf die Beine und war auch nicht mehr die Gleiche. Aber sie ging zumindest im Anschluss regelmäßig zur Vorsorge.

Die nächsten Jahre waren ein gesundheitliches auf und ab. Es war zu Beginn für sie nicht einfach, sich selbst Insulin zu spritzen, jedoch hat sie es immer besser in den Griff bekommen. Nach dieser Erkrankung haben meine Mutter und ich gleich die Chance genutzt und vieles für später geklärt. Somit hat sie mir gleich ihre Bankdaten wie auch eine Betreuungsvollmacht gegeben. Leider hat sie sich geweigert, Weiteres noch schriftlich niederzulegen, wie z. B. wie sie beerdigt werden wollte oder was mit ihrem Hab und Gut geschehen sollte. Es ist nicht so, als hätte sie die Details zu diesen Themen für sich behalten. Nein, sie hat eigentlich allen immer erzählt, dass sie unter einem Baum beerdigt werden wolle und wer von den Töchtern was bekommen solle (zumindest grob). Nur aufgeschrieben hat sie es leider nie.

Meine Mutter kam mit meiner Nachricht, dass ich mich von meinem Ex-Mann trennen und dann auch noch weit wegziehe würde, am Anfang nicht gut zurecht. Sie konnte nicht nachvollziehen, warum ich das nach all den Jahren machte. Sie meinte, man hätte mir schon angesehen oder angemerkt, dass es mir nicht gut ginge. Aber da kann man sich ja mal „zusammenreißen". Weiter meinte sie, dass es ja auch keinen Sinn mache, sich scheiden zu lassen, da der nächste Mann nicht besser würde. Zudem kamen dann auch so Sätze wie „Such dir schnell einen Mann und werde wieder vernünftig, damit du mich pflegen kannst", oder „Du musst mich doch pflegen, warum habe ich sonst vier Kinder in die Welt gesetzt?" Das fand ich schon sehr heftig und es hat mir auch sehr wehgetan. Doch ich habe diese Aussagen auf ihren schwierigen Gesundheitszustand zurückgeführt. Bei einem Krankenhausaufenthalt (Das war während der Coronazeit und ich kannte zu dieser Zeit schon meinen neuen Partner, der im Auto unten warten musste.), musste ihr dann ein Zeh abgenommen werden. Sie hatte dadurch dann immer Schwierigkeiten beim Gehen und Stehen. Als ich sie im Krankenhaus besuchte, sagte sie mir, dass ich plötzlich so erwachsen aussähe. Das würde ihr jetzt erst auffallen. Wir haben dann mit meinem neuen Partner per Videotelefonie gesprochen. Sie hat ihn gleich ins Herz geschlossen.

Nach diesem Krankenhausaufenthalt kamen immer weitere Erkrankungen dazu, wie z. B. offene Stellen am Bein durch Durchblutungsstörungen etc. Es war sogar einmal so weit, dass sie in einer Wunde am Bein Maden hatte. Das war so ekelig.

Leider kann ich mich nicht mehr genau an alles und auch die Abläufe erinnern. Gefühlt gab es mit ihren Erkrankungen und Krankenhausaufenthalten einfach kein Ende.

Als ich noch bei dem Projekt jedoch schon in der Trennungsphase war, kam bei meiner Mutter die Diagnose, dass ihr linkes Bein aufgrund von starken Durchblutungsstörungen abgenommen werden musste. Zu dieser Zeit war ich im Hotel und sie rief mich weinend aus dem Krankenhaus an und fragte mich, was sie machen solle. Ich konnte diese Frage nicht beantworten und sagte ihr das auch. Diese Entscheidung musste sie allein treffen. Denn würde sie sich gegen eine Amputation entscheiden, würde das ihren sicheren Tod bedeuten. So eine Entscheidung konnte ich nicht für sie treffen. Sie entschied sich für eine Amputation. Doch seit dieser Operation saß sie im Rollstuhl.

Nun kam auch noch dazu, dass meine Eltern aus dem gemieteten Haus ausziehen mussten. Zwar hatte der Vermieter meinen

Eltern damals versprochen, dass sie bis zum Ende bleiben können. Wahrscheinlich hatte der Vermieter gehofft, dass meine Mutter früher versterben und mein Stiefvater im Anschluss ins Altersheim gehen würde. Nun, ... da hat er leider die Rechnung ohne meine Mutter gemacht, die eine unglaubliche Kämpfernatur war. Meine Eltern haben leider aufgrund ihrer zahlreichen Wohnwünsche nur eine Wohnung gefunden, die sich im 1. OG befand. Das war meines Erachtens sehr ungünstig und auch mein Onkel konnte es kaum fassen, allein vor dem Hintergrund, dass meine Mutter nicht mehr mobil und im Rollstuhl war. Doch es half nichts. Sie mussten aus dem Haus raus. Den Umzug haben wir dann alle gemeinsam und mit Freunden bewältigt. Meine Mutter gab federführend den Ton an und sagte allen Helfern, was wo in der neuen Wohnung hinmusste. Eigentlich wie früher, nur aus dem Rollstuhl heraus.

Ein Jahr später und kurz vor meinem 50igsten Geburtstag verschlechterte sich der Gesundheitszustand wieder und als mir meine Schwestern mitteilten, dass unsere Mutter im Sterben lag, machte mich das unendlich traurig. Sie hatte einen Darmdurchbruch, der zufällig entdeckt wurde. Zudem wurde ein Loch in der Blase entdeckt sowie eine Nierenkolik diagnostiziert. Ihre Überlebenschancen waren sehr gering. Eine kurze Zeit vorher ist meine Tante an einem Darmdurchbruch und einer damit verbundenen Sepsis verstorben. Meine Mutter indes hatte mal wieder Glück im Unglück!

Nach den schweren Behandlungen wurde meine Mutter auf eine Palliativstation in ein kleines, außerhalb gelegenen Krankenhauses verlegt. Aufgrund von Coronaregeln war es nicht einfach, da reinzukommen. Ich habe Tage mit dem Personal dort telefoniert. Doch das half nicht. Meine kleine Schwester war schon da. Sie nutzte die Situation unserer Mutter gleich, um ihr ein Schriftstück zu geben, auf dem stand, dass sie nach dem Tod ihr Auto bekommen sollte. Da meine Mutter dachte, sie würde sterben, hat sie das auch unterschrieben. Das bereute sie später sehr. Denn dann musste ich für meine Mutter recherchieren, wie man das rückgängig machen könnte. Um sicherzugehen, dass sich meine kleine Schwester das Auto nicht so einfach holen konnte, deponierte meine Mutter auf meinen Rat hin die Papiere sowie den Schlüssel bei meinem Onkel. Ich war über die Aktion meiner kleinen Schwester fassungslos, aber nicht verwundert. Sie hatte meiner Mutter schon ihren ganzen Schmuck abgeschwatzt. Doch leider hatte sie nichts mehr, da sie angeblich ZWEIMAL ausgeraubt wurde!

Meine Mutter und ich hatten (wie schon erwähnt) eine besondere Beziehung und oft haben mich Gedanken gequält, ob das eine gute Idee gewesen war, so weit weg zu ziehen. Ich konnte meiner Mutter noch nicht einmal mein neues Haus zeigen. Ich habe wochenlang versucht, sie über die Aktion „Wunschauto" zu mir zu bringen, zumindest für ein paar Stunden. Aber der Hausarzt und auch der begleitende Arzt haben davon abgeraten, da ihr Zustand zu schlecht war. Das hat mich niedergeschmettert. Doch am meisten enttäuscht hat mich in diesem Moment mein Stiefvater. Ab dem Moment, in dem meine Mutter erneut bewusstlos ins Krankenhaus eingeliefert wurde, beschloss er mit meiner kleinsten Schwester, dass er meine Mutter nicht mehr pflegen wollte. In der Zeit zwischen ihrer ersten Krebsdiagnose bis zur besagten Einlieferung unterstützte er meine Mutter aufopferungs- und liebevoll. Doch nun sagte er deutlich, dass er darauf keine Lust mehr hätte, denn er wollte seine letzten Jahre genießen. Das könnte er mit der Pflege meiner Mutter nicht. Und obwohl sich meine Mutter (wie auch immer sie das geschafft hat) immer wieder gut erholt hat, haben meine kleine Schwester und mein Stiefvater sie in ein Pflegeheim abgeschoben. Einfach so und auch ohne, dass sie eine Betreuungsvollmacht hatten. Denn diese lag bei mir, aber nachgefragt haben sie nicht.

Meine Mutter wollte unbedingt wieder aus dem Heim raus. Also bin ich trotz Corona zu meiner Mutter gefahren (Da es vor Weihnachten war, habe ich ihr selbst gebackene Plätzchen mitgebracht.). Sie war aufgelöst und sagte, dass sie hier ins Heim abgeschoben wurde, um zu sterben. Dazu hatte sie aber noch keine Lust. Ich habe lange mit der Heimleitung gesprochen, warum sie nicht nach der Betreuungsvollmacht gefragt hatte. Sie meinte, dass mein Stiefvater und meine kleine Schwester sagten, dass sie diese hätten. Das machte mich fassungslos. Am Ende hatte meine Mutter meinem Onkel zu verdanken, dass ihr Wunsch, nach Hause zu kommen, in Erfüllung ging. Mein Onkel hatte alle Hebel in Bewegung gesetzt und sie mit einer mobilen Pflegekraft nach Hause geholt. Auch von meiner Seite nochmals meinen tiefsten Dank an meinen Onkel! Aber genau das passte meinem Stiefvater gar nicht. Meine Mutter saß nun in der Wohnung und er musste sich um Frühstück, Wäsche etc. kümmern. Das musste er noch nie, denn das alles machte immer meine Mutter!

Meiner Mutter ging es schon wieder besser und sie hatte schon wieder Ideen im Kopf, wie sie die Wohnung neugestalten und was sie allgemein noch so machen wollte. Unglaublich, die Motivation meiner Mutter. Dieser Kampfgeist! Dieser Lebenswillen! Doch irgendwann half auch das nichts mehr und ihr Gesundheitszustand verschlechterte sich immer mehr. Ich hatte so große Angst, sie zu verlieren. Sie war für mich nicht nur meine Mutter, sondern meine beste Freundin. Wir hielten wie Pech und Schwefel zusammen. Sie sagte auch immer: „Du bist nicht allein, solange ich noch lebe. Ruf mich immer an, wenn du denkst, du bist allein. Solange ich lebe, bist du nie allein!" Das habe ich auch immer gemacht.

Es ging nun langsam auf Weihnachten zu. Aufgrund der Coronazeit sagte ich meinen Besuch zu Weihnachten ab. Ich wollte nicht das Risiko eingehen und meine Mutter evtl. noch mit Corona anstecken. Das hätte ich mir nie verziehen. Es war für mich das erste Weihnachten allein.

Kleiner Wunschexkurs: Ich weiß nicht, ob ich das schon erwähnt habe. Doch das erste Weihnachten allein war für mich sehr traumatisch. Ich habe die meiste Zeit geweint. Ich konnte auch bei niemandem anrufen. Das möchte ich so nie wieder erleben. Zudem möchte ich auch, dass, wenn ich das verhindern kann, kein Mensch so was erleben muss. Aus diesem Grund habe ich mir geschworen: Wenn ich zu Geld kommen sollte, gründe oder unterstütze ich eine Stiftung gegen Einsamkeit. Mit dieser Stiftung soll Menschen eine Möglichkeit gegeben werden, Weihnachten nicht allein zu sein und gemeinsam mit anderen zu verbringen.

Doch neben diesem traumatischen Alleinsein kam für mich ein ziemlicher Knaller: Meine Mutter hatte meinen Ex-Mann eingeladen, damit sie und vor allem er an Weihnachten nicht so allein wären. Er würde das nicht schaffen. Sie wüsste aber, dass ich es schaffen würde, denn ich wäre eine starke Frau. Ich konnte es nicht fassen! Für mich hat sich das angefühlt, als würde mir meine Mutter ein Messer in den Rücken rammen. Das hat mich unheimlich verletzt und ich hatte das Gefühl, sie hätte mich verstoßen, da ich sie im Stich gelassen habe. Mein Ex-Mann hätte zu seinen Eltern fahren können, ohne Probleme. Aber nein. Das machte er natürlich nicht. Ab diesem Zeitpunkt ließen mich meine Eltern immer wieder spüren, dass sie enttäuscht von mir waren und dass ich sie in Stich gelassen habe. Auch wenn meine Mutter mir irgendwann mal sagte, dass meine Entscheidung, mich zu trennen, die richtige war.

Doch leider verschlechterte sich der Gesundheitszustand meiner Mutter weiter. Aus diesem Grund kam ich nun fast alle zwei Wochen zu meinen Eltern gefahren. Oftmals hat sich das auch mit meinen Terminen zur Scheidung getroffen. Es ging ihr immer schlechter. Sie konnte kaum noch etwas in sich behalten. Vor allem aber kam sie kaum noch raus. Deshalb kam ich irgendwann auf die Idee, dass ich sie mit meinem Sohn, seiner Freundin und auch mit dem damals neuen Partner (folgt noch) schnappte und auf ihr Lieblingsfestival brachte. Sie war unglaublich glücklich! Dort wartete auch schon der Rest der Familie und Freunde auf Sie. Sie hat das so genossen.

Leider kam, was kommen musste: Es ging ihr so schlecht, dass auch ihr zweites Bein abgenommen werden musste. Auch hier war die Durchblutung so schlecht, dass sie viele offene Stellen am Bein hatte, die einfach nicht mehr abheilen wollten. Zudem waren auch hier des Öfteren dann Maden in den Wunden, was durch das heiße Wetter im Sommer begünstigt wurde. Auch wenn sie nach einer weiteren Operation kein Bein mehr haben würde und sie nichts mehr tun könnte, entschied sie sich trotzdem für die Amputation. Mit dieser zweiten Beinamputation war sie dann endgültig hilflos. Wie ein kleines Kind, das noch nicht laufen konnte. Es war für mich schwer, sie so hilflos und schwach zu sehen. Doch auch sie merkte immer mehr, dass sie nun nichts, aber auch gar nichts mehr tun konnte. Sie saß 24 Stunden an ein und derselben Stelle und schaute entweder aus dem Fenster, in den Fernseher, an die Wand, aß etwas oder telefonierte. Mehr war nicht mehr drin. Glücklicherweise hatte sie eine liebevolle Pflegekraft, die sie öfter in den Arm genommen und gestreichelt hat. Denn mein Stiefvater machte das nicht mehr. Ab und zu hatte sie wie früher neue Ideen für das Wohnzimmer oder die Küche, trotzdem wurden ihre Kraft und ihr Lebenswillen immer weniger. Ich merkte das auch bei unseren Telefonaten. Ich sprach mit ihr mindestens zwei Mal pro Tag über Videotelefonie und sah auch ganz deutlich, wie sie sich veränderte. Sie nahm immer mehr ab und zerfiel regelrecht.

Als ich wieder einmal zu Besuch war, bemerkte ich, dass sie ihr Essen nicht runterschluckte, sondern in eine Serviette spukte. Ich fragte sie, wie lange sie das schon machte. Sie meinte schon mehrere Wochen. Ich fragte dann weiter, ob sie wüsste, welche Konsequenzen das für sie hätte, wenn sie nichts mehr aß und trank. Sie antwortete: „Ja, dann sterbe ich." Im Anschluss erzählte sie mir, dass der Arzt und auch die Pflegerin von ihrer Entscheidung wüssten, wobei die Pflegerin mit aller Kraft meine Mutter davon überzeugen wollte, wieder zu essen und zu trinken. Meine Mutter war an dem Punkt, an dem sie nicht mehr leben wollte. Sie sagte, dass ihr Leben vorbei wäre und auch mein Stiefvater nichts Liebevolles mehr für sie übrighatte. Er sagte ihr ständig, dass sie sterben solle, da sie für ihn nur noch eine Belastung wäre. Das brach ihr das Herz. Sie war immer eine starke, selbstbewusste Frau und sie wollte nie jemandem zur Last fallen. Deshalb auch die Entscheidung zu ihrem Freitod. Auch die Pflegekraft bekam diese Sätze von meinem Stiefvater mit, was sie richtig zornig machte. Sie rief mich deshalb mehrfach an, damit ich mit ihm reden würde. Doch es half alles nichts. Er machte so weiter.

Eines Tages fuhr sie zum Arzt und wurde in ihrem schwachen Zustand gegen Corona geimpft. Bis heute verstehe ich das nicht. Diese Impfung schien ihr Körper nicht mehr verkraftet zu haben. Es ging ihr rapide schlechter.

Eines Tages rief mich die Pflegerin per Videotelefonie an und sagte ganz verzweifelt zu mir, dass meine Mutter fürchterliche Schmerzen hätte und vor Schmerzen nur noch schrie. Ich habe ihre Schreie im Hintergrund gehört. Zu dieser Zeit war mein neuer Partner bei mir und hörte ebenso die Schreie meiner Mutter (Die er, wie er sagte, nie mehr vergessen würde.). Ich wollte noch mit meiner Mutter sprechen und sie schaute in das Handy und seufzte ein „Ach [mein Name]“ hinein. Ich beschloss, dass wir sofort den Notarzt rufen mussten. Im Anschluss gab die Dame aus dem Palliativteam meiner Mutter ein Schmerzmittel. Dann legte die Pflegerin das Handy auf.

Drei Stunden später bekam ich eine WhatsApp-Nachricht von der Pflegerin, dass meine Mutter verstorben sei. Ich rief die Pflegerin an und sie fragte mich, ob ich meine Mutter sehen möchte. Ich bejahte und sah das Häufchen Mensch ... tot. Sie hatte von den Wiederbelebungsversuchen noch Blut im Gesicht. Ich weinte fürchterlich, auch weil das, was da lag, mit meiner Mutter nichts mehr zu tun hatte.

Am Ende hatte meine Mutter ein Multiorganversagen, an dem sie verstarb.

Die Phase bis zur Beerdigung war für mich nervlich sehr anstrengend. Ich musste erfahren, dass mein Stiefvater einfach mal entschieden hat, dass meine Mutter auf dem hiesigen Friedhof begraben werden und eine kirchliche Bestattung erhalten sollte. Da hat er gleich zwei Grenzen für mich überschritten: Einmal die Bestattung auf dem hiesigen Friedhof, denn das wollte sie definitiv nicht und dann auch noch kirchlich. Wenn jemand noch nicht einmal zu Weihnachten in die Kirche wollte, dann meine Mutter. Jeder wusste das. Auch mein Stiefvater. Er meinte aber, das wäre so für ihn einfacher. Das hat mich unheimlich wütend gemacht, doch ändern konnte ich es nicht.

Am Tag der Beerdigung war alles sehr harmonisch. Ich hatte meinen neuen Partner an meiner Seite wie auch meinen Sohn und seine Freundin. Die Pfarrerin, muss ich gestehen, wäre nach dem Geschmack meiner Mutter gewesen, da sie vorher ein Mann war. So was fand meine Mutter einfach klasse. Meine Schwestern hatten sich auch darum gekümmert, dass die Urne meiner Mutter von dem Künstler besprayt wurde, der auch ihre VW Käfer künstlerisch gestaltete. Sie war wunderschön. Neben der Pfarrerin hat ein Onkel von mir gesprochen. Als er sprach und Geschichten von meiner Mutter erzählte, konnte ich meine Tränen kaum im Zaum halten. Danach war ich dran. Es war das Schwierigste, Schlimmste, Emotionalste, was ich je in meinem Leben gemacht habe. Ich konnte auch nicht sehr viel sagen, nur das, was mir durch den Kopf ging. Und das waren die letzten Gespräche mit meiner Mutter. Sie erwähnte immer wieder, dass sie auf alle Töchter und auch Enkelkinder stolz wäre und dass wir alle im Leben „unsere Frau stehen" würden. Danach brach ich wieder in Tränen aus. Nach der Beisetzung kam auch meine andere Schwester auf mich zu und meinte, dass ich das gut gemacht hätte. Das war das Netteste, was sie je zu mir gesagt hat.

Was das Erbe angeht, haben sich mein Stiefvater (ist sein gutes Recht) und meine kleine Schwester alles unter den Nagel gerissen. Selbst von dem persönlichen Schmuck meiner Mutter blieb nicht viel.

Kleiner Exkurs in das, was ich erfahren habe: *So wurde mir zugetragen, dass mein Stiefvater gleich nach dem Tod meiner Mutter den gesamten, wertvollen Schmuck auf die Seite getan und meiner kleinen Schwester mitgegeben hat. Zudem hat er rumtelefoniert und gefragt, wer wüsste, was der Schmuck wert wäre. Hier wurden wir anderen Töchter noch nicht einmal gefragt, ob wir ein Andenken haben möchten. Irgendwann habe ich dann von meiner großen Schwester erfahren, dass meine kleine Schwester Bilder von den Ketten meiner Mutter gemacht und gefragt hätte, wer jeweils wel-*

che Kette von meiner Mutter (jede sollte sich zwei aussuchen) haben möchte. Das habe ich leider NUR durch meine große Schwester erfahren. Ich wurde als engste Vertraute meiner Mutter noch nicht einmal gefragt. Über meine große Schwester habe ich dann die Glückskette und eine Kette mit Herzanhänger erhalten. Seitdem habe ich den Kontakt zu meiner Familie (bis auf meine große Schwester und eine Tante) auf Eis gelegt.

Eine neue, aber nicht zukunftsfähige Beziehung

Wir kommen nun an den Punkt, der mir bisher am meisten zu schaffen macht. Auch zum jetzigen Zeitpunkt noch, an dem wir seit zwei Monaten keinen Kontakt mehr hatten. Ich vermute, das hat damit zu tun, dass die Trennung noch sehr frisch ist.

Meine neue Beziehung und ich haben uns bei einem gemeinsamen Partnernetzwerk kennengelernt. Ganz neutral. Hier ging es darum, dass sich die unterschiedlichen Partner untereinander kennenlernten und man erfuhr, in welchem Bereich der andere tätig war. Da er auch Psychologe war, fand ich ihn ganz interessant. Ich habe mich in seiner Umgebung sehr wohl gefühlt und dachte für mich, dass hier zumindest noch jemand mit psychologischem Hintergrund war. Später trafen wir uns in der gleichen Arbeitsgruppe bei diversen Online-Meetings wieder. In diesen besagten Gruppen waren wir beide aufgrund unserer besonderen Arbeitsthemen in eine Untergruppe gesteckt worden. Um unsere Arbeitsbereiche und -themen anderen Partnern bei einem nächsten Präsenzmeeting vorstellen und erläutern zu können, sollten wir einen gemeinsamen Flyer entwickeln. Wir haben uns telefonisch dazu mit einem weiteren Kollegen abgesprochen, der leider keine Zeit mehr hatte. Da er zu dieser Zeit ein Projekt in der Nähe meines neuen Wohnortes hatte, trafen wir uns bei mir. Ich konnte zu diesem Zeitpunkt gut männliche Hilfe in meinem neuen Haus gebrauchen. Da gerade mein Büro fertig saniert war und mein riesiger Schreibtisch aufgebaut werden musste, bot ich den Deal an, dass ich uns was koche, er dafür aber meinen Schreibtisch mitaufbauen musste. Dann kümmerten wir uns um den gemeinsamen Flyer. Letzteres haben wir dann fast vergessen. Wir haben uns vorwiegend privat unterhalten und kamen zum Schluss, dass unsere Arbeitsbereiche nichts, aber auch gar nichts gemein haben und somit auch nicht auf einen Flyer gehörten. Er ist dann gegen 23 Uhr gefahren. Als ich ihm danach einen guten Morgen wünschte schrieb er, dass er gerade erst (also morgens um fünf) zu Hause angekommen wäre. Das fand ich echt merkwürdig. Aber gut. Ansonsten hatten wir keinen Kontakt.

Monate später erzählte er, während eines gemeinsamen Online-Meetings, das sein Vater verstorben wäre. Das tat mir sehr leid. Also habe ich ihm eine Mail geschrieben und zum Tode seines Vaters kondoliert. Wochen später gratulierte er mir per WhatsApp zu meiner bestandenen Promotion. Das war der Zeitpunkt, ab dem wir mehr und mehr miteinander telefonierten. Er erzählte mir dann irgendwann, dass er mit einer Frau zusammen ist, die nicht bei ihm wohnte und er sehr unglücklich mit dieser Situation wäre. Ich dachte zu diesem Zeitpunkt, dass er dabei wäre, sich zu trennen. Doch da war er weit, also mehr als weit entfernt.

Nach vielen, vielen Telefonaten und Gesprächen trafen wir uns auch persönlich. Erst dachte ich nur an ein kleines Abenteuer. Doch das ging bei uns beiden viel tiefer. Eines Tages sagte er mir, dass er sich in mich verliebt hätte. Das habe ich erst einmal nicht erwidert. Ich war mir nicht sicher, ob ich ihn weiter in mein Leben lassen sollte. Schon gar nicht bei dem Theater mit meinem Ex-Mann und der Scheidung. Nachdem er mir aber immer und immer wieder seine Liebe zu mir bestätigte, habe ich ihn mehr in mein Leben gelassen und nach kurzer Zeit hatte auch ich Schmetterlinge im Bauch. Wir verstanden uns super, hatten die gleichen Interessen, lachten und redeten unheimlich viel. Es fühlte sich an, als hätte ich meinen Seelenverwandten getroffen. Auch beruflich konnten wir uns austauschen (Auch wenn er immer darauf bestanden hat, dass wir aufpassen müssten, dass niemand etwas merkte.).

Wir haben uns dann immer öfter und dann fast jeden Monat einmal, wenn nicht sogar mehrmals im Monat getroffen. Doch dann ging es los ... schon ziemlich am Anfang. So konnte er das eine oder andere Mal nicht kommen, da seine „Frau" kam? Ich habe dann immer mehr nachgehakt, wer oder was sie war. Sobald er sie erwähnte, weinte er schrecklich. Ich konnte nicht verstehen, was an der Situation so schwierig war. Wenn ich unglücklich bin, dann ändere ich was, oder? Leider bin ich manchmal sehr pragmatisch und dachte mir: *Schaffe einfach klare Verhältnisse.*

Er erzählte mir das eine oder andere von ihr und warum sie nicht mit ihm zusammen sein oder ihren Mann verlassen könne. Zudem war sie arbeitslos, hatte einen Sohn in ihrem Heimatland und sanierte gerade dort ihr Haus (Also seitdem sie nach Corona wieder einreisen konnte). Zwischenzeitlich erzählte mir meine Beziehung, dass das nicht nur ihr Haus, sondern ein gemeinsames Haus wäre, dann sagte er, dass es nur ihr Haus wäre. Alles ein wenig seltsam und irgendwie nicht eindeutig.

So eine seltsame Beziehung zu Dritt wollte ich nicht. Ich habe dann auch mit Freunden gesprochen, die meinten: „Versuche es doch einfach mal, wenn ihr zwei so verliebt ineinander seid."

Kleiner Exkurs zum Bauchgefühl: *Seit dieser Entscheidung und nachträglich kann ich nur den Tipp geben: Hört bitte auf Euren Bauch! Wenn Euer Bauch sich meldet und sagt, da ist mir nicht wohl dabei ... MACHT ES NICHT!*

Aber das ist eine weitere, schmerzhafte Lektion meines Lebens. Trotzdem war ich so verliebt, dass ich es versuchen wollte. Ich machte mir große Hoffnungen, dass er sich vielleicht irgendwann für mich entscheiden würde. Er machte mir auch mehr und mehr Hoffnung, indem er mir sagte, dass ich bei ihm ja meine zweite Heimat gefunden hätte, wir gemeinsame Pläne für Urlaubsreisen und eine gemeinsame Zukunft schmiedeten, er meine Familie kennenlernte und auch Freunde. Er war komplett in mein Leben integriert.

Doch auch wenn ich versuchte, die andere Frau zu ignorieren, so merkte ich schon sehr schnell, dass mir das unheimlich wehtat, wenn er mit ihr zusammen war. Meist weinte ich dann die ganz Zeit, war niedergeschlagen, irgendwie gedemütigt und fürchterlich verletzt. Er hat mir zu Beginn auch verboten, mich bei ihm zu melden, wenn sie bei ihm war. Das sagte er mir auch immer. Musste er auch, wenn er nicht wollte, dass ich mich bei ihm währenddessen meldete. Auch nicht per WhatsApp (Was er später zurücknahm und meinte, das hätte er nie gesagt.). Anrufen war also ein No-Go. Dann erfuhr ich, dass sie zusammen in seinem Bett schliefen, sie einen eigenen Schlüssel hatte, einen gemeinsamen Hausstand (Was dazu wohl ihr deutscher Ehemann sagen würde, wenn er wüsste, dass sie seit 13 Jahren zu ihrem Zweitmann fährt und nicht zu ihrer Freundin.) haben. Ich muss dazu anmerken, dass ich wohl keine der modernen Frauen bin, die in meinem Alter nur Freundschaft-plus-Beziehungen oder einen Toy-Boy für Sex haben. Ich gönne es allen Frauen, die damit zufrieden und glücklich sind. Doch für mich ist das nichts. Ich muss zugeben, dass ich wohl bis heute einem Traum hinterherlaufe: Einen liebevollen Partner, mit dem ich im Alter am Meer den Sonnenuntergang bewundern kann! Aber das nur am Rande.

Er beteuert bis zu unserem letzten Kontakt, dass es keinen Sex mit ihr gäbe.

Doch ich hatte ihn jetzt schon zu weit in mein Leben gelassen. Er war ein Teil von mir und ich liebte ihn nach wie vor auch sehr. Manchmal kam es mir vor, als wäre ich süchtig nach ihm. Wenn ich nicht mit ihm sprechen konnte, hatte ich Entzugserscheinungen. Ich war so hin- und hergerissen.

Wir haben uns sehr oft getroffen und durch ihn habe ich viel von Deutschland gesehen. Durch meine Panikattacken waren viele Städte für mich unerreichbar. Mit ihm war das alles kein Problem. Bei ihm fühlte ich mich sicher, unbesiegbar, vertraut. Unglaublich, was ich mit ihm in 2,5 Jahren erlebt und gesehen habe. Es war wie ein Traum. Als wäre es eine andere Realität. Auch heute kann ich nicht fassen, was wir alles unternommen hatten. Wir hatten so großartige Zeiten. Davon wollte ich einfach mehr. Ich wollte nicht mehr zurück in meinen langweiligen Alltag. Zudem war ich über beide Ohren in ihn verliebt. Ich hätte mein Leben für ihn gegeben! Manchmal habe ich mich wie eine 15-jährige benommen. Unfassbar!

Am Anfang gab mir diese Beziehung so viel Kraft und ich fühlte mich so glücklich wie noch nie in meinem Leben. Doch das hielt leider nicht lange an. Auch wenn er mir immer sagte, dass er mich liebte, wusste ich, dass ich nicht die einzige war. Das hat mir sehr wehgetan und im Laufe der Zeit immer mehr Kraft geraubt. Ich konnte regelrecht spüren, wie mir Energie entzogen wurde.

Wenn ich jetzt zurückblicke, habe ich vieles nur durch die rosarote Brille gesehen. Denn es war definitiv nicht alles gut. Neben dem, dass sein Tagesrhythmus mit meinem überhaupt nicht kompatibel war (Ich stehe zwischen fünf und sechs Uhr auf, gehe dafür zeitig ins Bett; er geht gegen vier oder fünf ins Bett und schläft bis Mittag.) und ich mich immer, wenn wir uns getroffen haben, nach seinen Zeiten richten musste – wenn ich darüber nachdenke, haben in dieser Zeit meine Schlafprobleme angefangen –, fühle ich mich immer noch wie in einem Dauerjetlag. Zudem war seine Ernährung mehr als ungesund. Neben dem, dass er unregelmäßig aß, musste alles viel Fett und meist leider auch Zucker haben. Ich leide unter einer Laktoseintoleranz und vermeide Fett, so weit es geht und sinnvoll ist, was dazu führte, dass ich mit ihm jetzt gut zehn Kilogramm zugenommen habe (und einfach nicht mehr loswerde).

Bei unseren Telefonaten erzählte er mir immer, wie sein Tag war, was er erlebt hatte usw. Ich habe am Schluss meist nur zugehört. Sobald ich angefangen habe, von meinem Tag zu erzählen, hat er mich ständig unterbrochen und dann wieder von sich gesprochen, oder hat meine Grammatik verbessert, oder hat es nicht verstanden und ich musste jeden Satz Wort für Wort erklären, oder er meinte dann, dass er dafür jetzt keine Zeit hätte, wir würden eh so oft und lange miteinander telefonieren. Wenn ich ihn darauf aufmerksam machte, meinte er, dass ich ja dauernd sprechen würde und er kaum zu Wort käme. Oft erwähnte er, dass er einen Gedanken noch zu Ende führen müsste, aber er bei mir gar nicht dazu kommt. Irgendwann bin ich dann bei wichtigen Themen dazu übergangen, ihm per WhatsApp zu schreiben. Da war ich schneller und er kam nicht so schnell hinterher. Das fand er nicht so gut.

Auch hat er mir von jeder (gefühlt 100) Ex-Freundin erzählt und was er Großartiges oder Schlechtes mit diesen erlebt hatte. Sehr im Detail! Natürlich nicht über das Sexleben. Aber alles andere schon. Das wollte ich eigentlich nicht wissen. Es war mir schon klar, dass wir beide keine 20 mehr waren und eine gewisse Historie hatten. Aber so ins Detail hätte er nicht gehen müssen. Wie verliebt er in die eine war, warum er die andere verlassen hatte, wie stolz er auf seine Bauchtänzerin war, und, und, und. Da konnte ich nicht mithalten. Wenn ich ehrlich bin, hat mich das auch ständig verletzt.

Sehr oft oder eigentlich auch bei jedem Gespräch erzählte er von seinen Reisen (Allerdings hat er nichts mehr selbst unternommen, seitdem er mit ihr zusammen war. Seitdem war in seinem Leben Stillstand, das durfte ich nur nie sagen, denn dann ist er meist sehr sauer geworden.). Er wusste, dass ich noch nicht viel gesehen hatte. Er jedoch war schon überall auf der Welt, was er mir gegenüber immer und immer wieder erwähnte. Auch hier konnte ich nicht mithalten.

Zudem kam hinzu, dass ich immer ins Hotel musste, wenn ich ihn besuchte, dass ich zu 75 % auch immer bezahlte, und zwar

inklusive Frühstück. Ich durfte nie, also wirklich nie bei ihm
übernachten. Er hingegen bei mir schon. Er durfte bei mir sogar mein Büro nutzen (nicht immer, aber sehr oft). Aber bei ihm
war es so, dass sein Bett IHR Bett war. Und Punkt! Zudem hatte sie auch einen buddhistischen Altar in seinem Wohnzimmer.
Ich fand diesen sehr gruselig. Ihm war er sehr wichtig. Sehr oft
habe ich diesen auch bei unseren Videotelefonaten gesehen. Irgendwann machte ich ihn darauf aufmerksam. Dann musste
ich das nicht mehr sehen.

Es durfte in seiner Wohnung auch nichts verändert werden. Als
ich ihm einmal nach unseren Ausflügen etwas auf seinen Kühlschrank heftete, flippte er völlig aus und entfernte das sofort.
Er meinte, dass er sonst Ärger bekäme.

Wenn ich in seiner Wohnung war, die eher einer Studentenbude
glich als der Wohnung eines gestandenen Mannes in seinem Alter
(Sein Tisch war ein Gartentisch mit Gartenstühlen, eine Couch
gab es gar nicht, dafür aber eine Bar, das Bett bestand aus zwei
Matratzen auf dem Boden, usw.), bewegte ich mich nicht viel.
Ich blieb meist im Wohnzimmer. Ich fühlte mich nicht wohl, da
er mir ja sagte, dass es die gemeinsame Wohnung von den beiden wäre (Manchmal war es aber seine Wohnung – na ja, nicht
eindeutig). Auch hatte ich Angst. Das fühlte ich so, nachdem er
mich einmal hochkant aus seiner Wohnung geworfen hatte, da
sie im Anmarsch war. Da habe ich sein wahres Gesicht mal kennenlernen dürfen. Er wollte nicht, dass wir uns über den Weg
laufen. Das empfand ich als wahnsinnig demütigend und er hat
mich wie ein gebrauchtes Handtuch weggeworfen. Gerade später kamen diese Demütigungen (aus meiner Sicht) immer häufi-
ger. So musste ich bei kaltem Regenwetter aus seinem Auto stei-
gen, wenn sie anrief, damit er mit ihr sprechen konnte. Oder ich
musste aus dem Hotelzimmer (das meistens ich bezahlte) raus,
damit er mit ihr telefonieren konnte. Er schrieb auch aus dem
Bett heraus mit ihr. Da gingen einige Herzchen sowie Küsschen
hin und her. Zudem meldete er sich bei mir immer mit „Spre-

chen?" und machte mir dann im Anschluss Vorwürfe, dass wir so viel miteinander sprachen und er deshalb sein Leben nicht aufräumen konnte. Usw.

Im Laufe der Zeit verwickelte er sich immer wieder in Widersprüche. Erst war es seine Wohnung, dann war es eine gemeinsame Wohnung. Dann war sie seine Frau, dann Freundin. Erst durfte ich mich nicht mal per WhatsApp melden, dann konnte er sich nicht daran erinnern, dass er mir das sagte. Je nachdem, wie ich argumentierte, nutzte er eine andere Version seines Gesagten. Oftmals bezichtigte er mich dessen, eifersüchtig zu sein, obwohl da nichts wäre. Ich würde überreagieren und hätte mich nicht im Griff usw. Egal, was ich sagte oder tat, er wusste es besser und verbesserte oder korrigierte mich ständig. Oft fragte ich ihn auch, ob ich überhaupt irgendwas richtig machen könnte.

Während der letzten 2,5 Jahre habe ich insgesamt zehnmal diese Beziehung beendet. Doch wir kamen immer wieder zusammen. Entweder beruflich oder anders. Irgendwas verband uns immer. Ich kam nicht weg von ihm. Dieser Zustand erinnerte mich stark daran, wie ich mit dem Rauchen aufgehört hatte. So manches Mal bin auch ich zu ihm zurück.

Doch war er so ein großer Teil meines Lebens. Er nahm jeglichen Raum neben der Arbeit und Familie bei mir ein. Ich hatte mittlerweile meine Scheidung hinter mir, meine Mutter verloren, zwei Tiere einschläfern lassen müssen. Er war neben meinem Sohn und seiner Freundin und meiner großen Schwester der wichtigste Mensch in meinem Leben. Doch das Thema mit seiner dubiosen „Freundin" schob sich bei mir immer mehr in den Vordergrund. Dann kam es, dass er und sein Bruder bei mir mit meiner Familie wie auch Nachbarn Weihnachten feierte. Ich war so überglücklich. Das war alles, was ich mir gewünscht hatte: einen Partner, Familie und Freunde; alles vereint. Einfach perfekt!

Aber ich habe da wohl mehr hineininterpretiert, als wirklich existierte. Als ich ihn danach ansprach, ob ich Silvester zu ihm kommen könnte, hat er verneint. Er sagte mir dann, dass er nur Weihnachten mit mir gefeiert hätte, damit ich nicht traurig wäre, wenn er Silvester mit ihr feierte. Das hat mir einen unglaublichen Schlag in die Magengrube gegeben. Nicht nur, dass er die letzten Jahre Weihnachten und Silvester mit ihr gefeiert hatte, nein. Er feierte nur mit mir, damit ich nicht traurig wäre, wenn er Silvester mit IHR feierte. Ich fühlte mich so unglaublich verletzt und benutzt.

Auch hier habe ich wieder drüber hinweggesehen und wir trafen uns danach wieder. ABER: Dieses Mal habe ich nicht lockergelassen. Im Hintergrund hatte ich dann auch schon Unterstützung von meiner Psychologin. Denn ich wollte, dass er mit der der anderen Frau spricht und das, BEVOR sie wieder in ihr Heimatland flog. Das machte er natürlich nicht. Er sagte dann auch, dass sie von mir gar nichts wüsste und auch nichts erfahren sollte. Und da hat er ja schon wieder gelogen, denn er behauptete früher, dass sie von mir wüsste, allerdings nur als Bekannte und Kollegin, mit der er sehr viel telefonierte.

Am Ende hat er sich dann für sie entschieden. Er sagte mir, sie hätte es nicht verdient, dass er sie verließ.
Wir haben uns persönlich bei ihm oben am See getrennt (Er wollte das nicht am Telefon oder im Auto machen.), nachdem wir wieder auf seinen Wunsch hin die Nacht miteinander verbracht hatten (Ja, auch dieses Hotel mit Frühstück habe ich bezahlt.). Er hat zum Abschied sehr geweint und plötzlich gesagt, dass ich gehen sollte. Als ich mich zwei Mal zu ihm umdrehte, schaute er immer auf den See. Ich hätte nicht gedacht, dass ich so schnell vergessen werden und er mir noch nicht einmal nachschauen würde. Ich bin dann weggefahren.

Auch jetzt laufen mir noch die Tränen übers Gesicht. Ab und zu schaue ich immer noch sein Profil in den beruflichen Netzwerken an. Soll man nicht, weiß ich. Wahrscheinlich hoffe ich, dass er sich meldet und sich anders entscheidet. Aber nein. Es ist vorbei. Und das macht mir unheimlich zu schaffen. Ich liebe ihn nach wie vor und obwohl er mir nicht immer gutgetan hat. Ich kann auch nicht erklären, warum ich immer noch an ihn denke und ihn am liebsten zurückhaben möchte. Bisher habe ich niemandem so hinterher getrauert und hatte Probleme damit, loszulassen. Meine Mutter sagte schon: „Du wirst diesem Mann dein Leben lang nachweinen." Bis jetzt hat sie leider recht.

Wir haben dann ein letztes Mal miteinander gesprochen, als ich nach dieser Trennungsszene am See und einem Kurzbesuch an der Ostsee nach Hause kam. Ich schaffte es, das erste Mal von ihm zu kommen und mal nicht müde zu sein. Daher ging ich kurz in mein Haus, schaffte ein wenig Ordnung und fuhr dann ins Fitnessstudio. Er rief mich dann an und war total neben sich. Er weinte und sagte, dass er sein Leben in den Griff kriegen musste, und indirekt machte er mir große Vorwürfe. Ich hätte Zeit, wie auch sein Bruder, um ins Fitnessstudio zu gehen, und er hätte den ganzen Tag nichts anderes geschafft, als ein wenig zu arbeiten und Wasser zu filtern. Ich sollte ihn jetzt endlich loslassen. Dann hat er aufgelegt. Peng! Ich wusste nicht, was ich sagen sollte. Zudem kannte ich ihn so nicht und machte mir riesige Sorgen. Da ich keine Kontaktdaten von seinem Bruder hatte, habe ich ihn über Umwege kontaktiert und gebeten, sich um seinen Bruder zu kümmern. Er meinte trocken per Mail, dass das jetzt das Ergebnis seiner Entscheidungen sei und er schon darüber hinwegkommen würde. Punkt!

Das war der letzte Kontakt. Seit diesem letzten Anruf ist er wie vom Erdboden verschluckt und nicht mehr gesehen oder gehört worden. Dies ist nun zwei Monate her. Er war meine große Liebe, trotz allem.

Das war's erst einmal

Letztendlich versuche ich mir einzureden, dass wir einfach nicht zusammengepasst haben. Schließlich geht das Leben weiter und es will noch so viel Schönes und Unbekanntes von mir für mich entdeckt werden.

Jetzt habe ich erst einmal alles, was mir spontan zu meinem Leben einfällt, hier aufgeschrieben und es wird mir klar, dass dies nur die Spitze des Eisbergs ist. Aber für den ersten Eindruck genug. Wie Sie wahrscheinlich auch, habe ich im Laufe meines Lebens sowohl gute als auch schlechte Entscheidungen getroffen. Jede einzelne Entscheidung schien im Moment der Wahl richtig zu sein, doch es ist wichtig, sie gelegentlich zu hinterfragen. Weiter ist es wichtig, dass man mit seinen Entscheidungen letztendlich zufrieden und glücklich ist. Denn plötzlich fragt man sich: War das schon alles?

Was ich mit gutem Gewissen sagen kann, ist, das Leben geht weiter. Es liegt in meiner Hand, ob es gut oder schlecht weitergeht. Um diesem Gedanken Nachdruck zu verleihen, buche ich jetzt einen Urlaub in Spanien. Ein Schritt, um mir selbst zu beweisen, dass immer Zeit für Neues und Schönes ist. ... **Gesagt, Getan.**

EIN HERZ FÜR AUTOREN A HEART FOR AUTHORS À L'ÉCOUTE DES AUTEURS MIA KAPΔIA ΓIA ΣΥГ
FÖR FÖRFATTARE UN CORAZÓN POR LOS AUTORES YAZARLARIMIZA GÖNÜL VERELIM S
PER AUTORI ET HJERTE FOR FORFATTERE EEN HART VOOR SCHRIJVERS TEMOS OS AUT
SERCE DLA AUTORÓW EIN HERZ FÜR AUTOREN A HEART FOR AUTHORS À L'ÉCO
 BCEЙ ДУШОЙ К ABTOPAM ETT HJÄRTA FÖR FÖRFATTARE À LA ESCUCHA DE LOS AUT
ΓIA ΣΥГPAΦEIΣ UN CUORE PER AUTORI ET HJERTE FOR FORFATTERE EEN
ÖNKÉRT SERCE DLA AUTORÓW EIN HERZ F
AO BCEЙ ДУШОЙ К ABTOPAM ETT HJÄRTA F

Die Autorin

Lisa Marie König ist knapp über 50 Jahre alt und musste früh lernen, was es heißt, sich gegen viele Menschen und vor allem innerhalb der Familie zu behaupten. Nach der Schule lernte sie zuerst ein Handwerk, machte aber bald viele Weiterbildungen und schloss auch ein Studium ab. Neben all dem zog sie auch noch ihren heute erwachsenen Sohn groß, den sie mehr liebt als alles andere auf der Welt. Wegen ihrer Erlebnisse mit Erkrankungen, Männern und Familienzwisten hatte die Autorin viele schwere Zeiten, schaffte es aber schließlich, aus ihrem alten Leben auszubrechen und baute sich ein neues, glücklicheres auf.

Dabei half ihr ihre große Leidenschaft, Neues zu entdecken. So ist es auch kein Wunder, dass König sich in ihrer Freizeit gerne mit Musik, Sport und Lernen beschäftigt.

Der Verlag

*Wer aufhört
besser zu werden,
hat aufgehört
gut zu sein!*

Basierend auf diesem Motto ist es dem novum Verlag
ein Anliegen, neue Manuskripte aufzuspüren, zu ver-
öffentlichen und deren Autoren langfristig zu fördern.
Mittlerweile gilt der 1997 gegründete und mehrfach
prämierte Verlag als Spezialist für Neuautoren in
Deutschland, Österreich und der Schweiz.

**Für jedes neue Manuskript wird innerhalb we-
niger Wochen eine kostenfreie, unverbindliche
Lektorats-Prüfung erstellt.**

Weitere Informationen zum Verlag und
seinen Büchern finden Sie im Internet unter:

www.novumverlag.com